EDUARDO KALIL HANNA

MUNDO CONECTADO COM A DESCONECTIVIDADE DA VIDA HUMANA

Labrador

© Eduardo Kalil Hanna, 2025
Todos os direitos desta edição reservados à Editora Labrador.

Coordenação editorial PAMELA J. OLIVEIRA
Assistência editorial VANESSA NAGAYOSHI, LETICIA OLIVEIRA
Direção de arte e capa AMANDA CHAGAS
Projeto gráfico VINICIUS TORQUATO
Diagramação EMILY MACEDO SANTOS
Preparação de texto MONIQUE PEDRA, LÍGIA ALVES
Revisão SÉRGIO NASCIMENTO

Dados Internacionais de Catalogação na Publicação (CIP)
Jéssica de Oliveira Molinari - CRB-8/9852

HANNA, EDUARDO KALIL
  Mundo conectado com a desconectividade humana / Eduardo Kalil Hanna.
  São Paulo : Labrador, 2025.
  96 p.

  Bibliografia
  ISBN 978-65-5625-853-9

  1. Tecnologia – Aspectos sociais 2. Relações humanas - Efeito das inovações tecnológicas 3. Cotidiano - Humanização I. Título

25-1244   CDD 303.483

Índice para catálogo sistemático:
1. Tecnologia – Aspectos sociais

Labrador

Diretor-geral DANIEL PINSKY
Rua Dr. José Elias, 520, sala 1
Alto da Lapa | 05083-030 | São Paulo | SP
contato@editoralabrador.com.br | (11) 3641-7446
editoralabrador.com.br

A reprodução de qualquer parte desta obra é ilegal e configura uma apropriação indevida dos direitos intelectuais e patrimoniais do autor. A editora não é responsável pelo conteúdo deste livro. O autor conhece os fatos narrados, pelos quais é responsável, assim como se responsabiliza pelos juízos emitidos.

Dialogar é dizer o que pensamos e suportar o que os outros pensam.
Carlos Drummond de Andrade

SUMÁRIO

Introdução 7

1. Relações humanizadas entre seres humanos 9

2. Nem sempre as relações humanas foram robotizadas 15

3. Seres humanos e máquinas: convergência na atuação e divergência no tratamento 27

4. Evolução do relacionamento entre empresa e cliente ao longo do tempo 33

5. Uma nova postura perante a tecnologia 49

6. Fatores que dificultam a conexão entre seres humanos 57

7. Mas, afinal, o que é um atendimento humanizado? 65

8. Liderança em tempos de humanização ······· **77**

9. Então, atender de maneira humanizada é garantia de sucesso para uma organização? ····· **91**

Referências ······························ **93**

INTRODUÇÃO

Atualmente, fala-se muito em inovação, tecnologia, inteligência artificial (IA) generativa e aumento de produtividade e eficiência para melhorar não só o processo de atendimento, mas também outros que visam aumentar a satisfação dos clientes. Em um mundo em que o tempo é escasso, é inegável a importância da automação de processos, incluindo o autoatendimento, que dispensa a interação com um ser humano e garante praticidade, comodidade e eficiência — ou seja, o que todos almejam.

Hoje a expectativa de muitos é resolver qualquer situação por meio de cliques. Quando não tínhamos essa comodidade, a expectativa era resolver por telefone e, antes disso, pessoalmente ou até mesmo por correspondência.

O fato é que antigamente o elemento humano era preponderante para resolver questões do dia a dia e hoje nem sempre é assim. É por isso que devemos ter cautela quando as pessoas nos procuram, principalmente quando trazem alguma questão ou problema, para não tentarmos resolvê-lo como se bastassem apenas alguns cliques.

A ênfase no mundo digital pode fazer as pessoas focarem tanto em tecnologia que acabam se esquecendo do olhar humano ao interagir com os demais, o que não deveria acontecer. Afinal, quando buscamos, necessitamos ou somos atendidos por um ser humano, esperamos ser tratados como seres únicos — e não de maneira massificada, como apenas mais um em meio à coletividade.

E como ter esse olhar humano para as pessoas em um mundo tão tecnológico? Este livro trata disso, com uma linguagem simples e, muitas vezes, comparando situações com as músicas de Rita Lee, Ary Barroso e Elis Regina, entre outros cantores, além de filósofos como Heráclito e Sêneca.

1. RELAÇÕES HUMANIZADAS ENTRE SERES HUMANOS

Qualquer atitude de um ser humano é humanizada. Afinal, se alguém se comporta de determinada maneira, esse comportamento ou atitude, por definição, é humanizado pelo simples fato de que provém de um ser humano. Sim, trata-se de uma definição tautológica, ou até mesmo de um pleonasmo — e por que não dizer um pleonasmo vicioso?

É como dizer a uma criança, durante as refeições: "Coma que nem gente". Quem nunca ouviu isso ou mesmo já disse a uma criança que se suja, lambuza ou recusa a usar talheres para se alimentar, especialmente quando está almoçando ou jantando? Mas, se ela é uma pessoa, como se pode falar "coma que nem gente"? Possivelmente porque ela está comendo fora dos padrões estabelecidos para um ser humano.

O mesmo pode ser aplicado às relações humanas quando se diz: "Aja de maneira mais humanizada" ou "Atenda o seu cliente de maneira humanizada". Se alguém escuta algo assim, é porque, aos olhos do seu interlocutor, está agindo como se fosse um robô, desprovido de qualquer sentimento, emoção ou empatia.

Age-se como robô ao utilizar frases que podem se aplicar a qualquer contexto, sem levar em consideração a pessoa em si ou as circunstâncias nas quais um fato ocorre, está ocorrendo ou ocorreu. Imagine ouvir a seguinte frase ao receber o feedback de um processo seletivo no qual o candidato não foi selecionado: "Você foi bem durante o processo, mas não é o tipo de perfil que estamos buscando no momento". Essa frase pode ser aplicada a qualquer candidato não aprovado.

Mas e se dissessem assim: "O perfil que estamos buscando é de alguém mais arrojado e não identificamos essa característica em você durante o processo seletivo. Percebemos que você tem um perfil muito conservador e é avesso a assumir riscos quando necessário"? Nesse feedback, o selecionador pode até mesmo evidenciar em quais situações o candidato se mostrou conservador. Percebe-se que esse comentário foi direcionado especificamente para aquela pessoa, no contexto daquele momento, e possivelmente o mesmo feedback não será dado a nenhum outro candidato.

Na maioria dos casos, porém, não é assim que as coisas acontecem. Quando as pessoas se relacionam, parece que não prestam atenção ao que os outros dizem. Muitas vezes os comentários ou as respostas soam como frases feitas e clichês. Por exemplo, quando alguém perde um ente querido, é comum ouvirmos as pessoas dizerem: "Nossa, sinto muito. Eu sei como você está se sentindo". Imagine alguém dizer exatamente isso — "Eu sei como você está se sentindo" — para alguém que perdeu a mãe, sendo que a mãe de quem disse a frase está viva. Será que essa pessoa sabe realmente como a outra se sente?

Ou então, durante a apresentação de um projeto, os colegas que estão assistindo dizem algo do tipo: "Essas ações que você está propondo são extremamente relevantes no contexto atual da nossa empresa e certamente melhorarão a experiência dos clientes e, consequentemente, a satisfação deles. Parabéns, conte comigo para o que precisar. Estarei à sua disposição". No dia seguinte, quem apresentou entra em contato com uma das pessoas que disse isso para pedir ajuda e ela não responde ou simplesmente informa que não pode ajudar. Quem nunca passou por essa experiência?

Além das frases feitas, desconectadas da particularidade de cada pessoa e contexto, há outras situações em que se diz que é necessário ser mais humanizado nas interações. Nesse caso, o advérbio "mais", com sentido de intensidade, pode dar a impressão de que existem graus de humanização — os graus básico, intermediário, avançado e, por que não, proficiente.

O ideal é que, além de não agirmos como robôs nas relações com outros seres humanos, desenvolvamos a proficiência humana nessas interações. Quando todos agirem dessa forma, não será mais necessário falar em relações humanizadas entre seres humanos.

Assim como somos proficientes em nossa língua materna, deveríamos ser proficientes em agir de maneira humanizada, a fim de que não seja mais necessário utilizar o termo "humanização" para qualificar qualquer tipo de relacionamento entre pessoas ou entre empresas e clientes. Alguém já perguntou a um brasileiro nato, criado no Brasil, qual é o nível de sua proficiência em língua portuguesa?

Em qualquer interação com outro ser humano — não importa o tipo de relação (familiar, profissional ou consumerista, que é o foco deste livro) —, é importante escutar com atenção (isso mesmo, com atenção) o que o outro diz, evitando distrações e sem programar antecipadamente qualquer resposta. Assim será possível dizer exatamente aquilo que é mais adequado para o momento, permitindo que a outra pessoa sinta que foi tratada de maneira única e personalizada, gerando a verdadeira conexão entre seres humanos, independentemente de a resposta atender ou não à expectativa da pessoa — esta pode, por exemplo, ter um pedido negado.

Imagine a seguinte situação: Marcelo está viajando a trabalho e marca seu retorno para o dia do aniversário de um ano de sua filha. Para evitar qualquer contratempo, ele reserva o primeiro voo da manhã. Há um segundo voo no período da tarde, que também lhe permitiria chegar a tempo para a comemoração. Porém, se embarcasse no último voo do dia, não conseguiria mais chegar a tempo.

No dia de sua viagem de retorno, ele se atrasa e perde o voo. Dirige-se ao balcão da companhia aérea, onde o representante da empresa informa que não será possível alocá-lo no voo da tarde, pois já está lotado, mas que há assentos disponíveis no da noite. Marcelo explica que é importante para ele viajar à tarde a fim de chegar a tempo de comemorar o aniversário de sua filha. O funcionário da companhia aérea verifica novamente o sistema e constata que não há perspectiva de desistência, pois todos os passageiros daquele voo fizeram check-in. Nesse caso, o representante pode dizer algo como: "Marcelo, eu sei como é importante estarmos com a nossa família em datas especiais, ainda mais no aniversário de um ano de uma filha. Digo isso porque também sou pai e sei o quanto isso faz diferença para nós. Por isso, verifiquei novamente, mas não há mesmo assentos disponíveis. Se houvesse, eu já teria alterado sua reserva. No entanto, vou deixar o seu nome na lista de espera e acompanhar pessoalmente esse voo. Caso haja alguma desistência, entraremos em contato. Sinto muito por não conseguir ajudá-lo neste momento tão importante para você".

Mais importante do que receber um "sim", é necessário que as pessoas escutem e compreendam melhor umas às outras, levando em consideração o contexto da situação que está sendo discutida ou apresentada. O que está sendo colocado aqui talvez nem precisasse ser dito, mas é justamente isso que noto em muitas relações interpessoais: a falta de conexão entre as pessoas, independentemente do tipo de interação — familiar, profissional, de amigos, entre empresas e clientes etc.

E por que isso acontece? Será que sempre foi assim? Como fazer para que as relações humanas alcancem um nível de proficiência tão alto que não seja mais necessário falar em "humanização"? É o que será abordado nos próximos capítulos.

2. NEM SEMPRE AS RELAÇÕES HUMANAS FORAM ROBOTIZADAS

Antigamente, e até hoje em cidades menores, quando alguém se dirigia a um estabelecimento comercial, geralmente quem atendia o cliente era o próprio dono, ou seja, o comerciante, ou então funcionários que trabalhavam no estabelecimento havia muito tempo. Independentemente de quem atendesse, todos sabiam exatamente a preferência do "freguês" — era assim que os clientes eram denominados em outros tempos, pois eram pessoas que costumavam comprar no mesmo lugar.

O açougueiro sabia como a dona Catarina gostava do corte da carne. O padeiro sabia exatamente como o seu Pedro gostava do pão. Quando Henrique chegava para jantar no restaurante próximo à sua casa, o garçom já lhe perguntava: "Oi, seu Henrique, como o senhor está? É o de sempre?".

Percebe-se que os clientes se sentiam únicos, especiais, e eram conhecidos pelos donos e funcionários dos estabelecimentos que frequentavam. Era um atendimento personalizado e único para a maioria dos clientes, senão para todos. No entanto, atualmente, mesmo em algumas situações em que o comerciante ou funcionário não conhece o cliente, ele pode tratá-lo de modo a fazê-lo se sentir único. É o que veremos mais adiante, no Capítulo 7.

Além do fato de conhecer bem os clientes, havia uma relação de confiança entre eles e o empresário. Essa confiança era tão grande que era comum vender fiado. O comerciante anotava em uma caderneta (como era denominada na época) o que o cliente estava adquirindo sem pagar para que, no fim do mês, ele pudesse "acertar as contas". Hoje, em muitas lojas, o cliente paga primeiro e depois se dirige a um balcão para retirar a mercadoria — isso quando não há seguranças na porta, vigiando se alguém pega alguma peça sem pagar. Também há lojas que colocam mecanismos de alarme em suas roupas e produtos para evitar que o cliente saia sem pagar. Se ele sair da loja e o dispositivo estiver afixado no produto, um alarme sonoro será acionado.

Certa vez, em uma loja, colocaram esse dispositivo para que eu pudesse provar uma roupa. Os profissionais dessa loja devem ter os seus motivos para agir assim, e eu não me senti ofendido, mas muitos poderiam se sentir e desistir da compra. Isso demonstra que a desconfiança é tão grande e inerente às relações humanas que os vendedores daquela loja não se sentem constrangidos em avisar o cliente de que estão colocando o dispositivo, pois é um comportamento natural e aplicável a qualquer pessoa que deseje provar roupas.

Transpondo essa realidade para o mundo corporativo, é comum que, quando duas pessoas combinam algo, uma delas encaminhe um e-mail para formalizar o que foi acordado. Em algumas situações o envio do e-mail é realmente necessário, mas na maioria dos casos, se pararmos para refletir, será que é mesmo indispensável? Se alguém combina enviar uma planilha contendo informações ou uma base de dados, será mesmo que o colega que solicitou precisa encaminhar um e-mail apenas para formalizar? Sabemos que muitas vezes a intenção é apenas deixar um registro para o caso de o colega não encaminhar a planilha ou a base de dados, a fim de que uma possível culpa não recaia sobre quem solicitou. Para algumas pessoas, mais importante do que concluir uma tarefa é evitar ser responsabilizado se ela não for concluída. A garantia dada pelo fio do bigode ou de um aperto de mãos para celebrar um acordo parece ter deixado de significar que o que foi acordado será cumprido.

A falta de confiança entre os seres humanos pode tornar as relações frias e, assim, robóticas, sem conexão com a pessoa com quem está dialogando ou com o contexto discutido.

A confiança, então, é a base para que qualquer tipo de relacionamento entre seres humanos seja humanizado, e, como dizem Senge *et al.* (2007), não se pode estabelecer a confiança por meio de um decreto. A confiança é conquistada ao longo do tempo e raramente surge depois de um único ou de poucos contatos entre as pessoas.

Em um mundo em que as pessoas são imediatistas, estabelecer essa relação de confiança pode ter deixado de ser uma prioridade. Mas não é apenas pelo imediatismo que algumas relações estão robotizadas hoje, especialmente entre clientes e empresas. Quando as empresas começaram a crescer, houve a necessidade de criar *call centers*, e os profissionais alocados para atender os clientes muitas vezes não conheciam o produto que a empresa comercializava ou fabricava, nem tinham experiência em sua utilização ou manuseio.

Então, criaram-se roteiros rígidos nos quais, para cada questionamento que o cliente fazia, havia uma resposta específica, independentemente da situação que ele estava vivenciando. As empresas entendiam que esse era um aspecto positivo, pois, independentemente de quem atendesse o cliente, este teria a mesma solução.

E é exatamente assim que tem que ser: a solução deve ser a mesma quando o mesmo tipo de problema for apresentado por algum cliente. No entanto, a condução do atendimento deve ser diferenciada, levando em consideração o contexto e as características dos clientes.

Exemplificando: um homem passou em consulta com um gastroenterologista, que, de posse do exame, afirmou que ele precisava agendar uma consulta urgente com um cirurgião vascular, pois estava com uma artéria com elevado grau de entupimento na região do intestino (como não sou médico, posso ter me equivocado em alguns termos, mas o importante é se concentrar na essência da situação). Caso essa artéria entupisse totalmente, o que estava prestes a acontecer, ele faleceria. A consulta ocorreu em um hospital, e imediatamente, no próprio local, esse senhor ligou para o setor de agendamento para marcar com o cirurgião vascular, mas o tempo de espera, excepcionalmente naquele dia, estava longo.

Quando conseguiu ser atendido, a atendente informou que, devido à alta demanda, não poderia agendar a consulta. Naquele dia o procedimento consistiria apenas em anotar os dados do paciente — no caso, o telefone — e o hospital retornaria para agendar. O paciente, então, disse que não poderia esperar.

Nessa situação, a atendente poderia agir como um robô e simplesmente afirmar algo do tipo: "Senhor, eu não posso fazer nada, estou seguindo as normas da empresa. O senhor terá que aguardar". Quantos de nós já não escutamos "São as normas da empresa"? Ora, quando um cliente compra ou contrata algo, geralmente não lhe são apresentadas as normas da empresa. Essas normas, se não são apresentadas ao cliente ou se não se trata de legislação, são aplicáveis única e exclusivamente ao corpo funcional. Afinal, se as normas fossem apresentadas no momento da contratação, será que o cliente compraria o produto?

Ou, então, quem já não ouviu "O senhor ou a senhora terá que aguardar"? Essas frases no imperativo impõem ordens, mas não há hierarquia em uma relação de consumo. Clientes e representantes das empresas devem ser tratados com respeito mútuo e cordialidade, e palavras como "por favor" e "obrigado" devem ser utilizadas sem moderação.

Voltando ao caso relatado, a atendente não agiu como robô, pois mostrou interesse pela situação do paciente ao lhe perguntar: "Por que o senhor não pode esperar?". Foi então que ele explicou a sua condição, e a atendente, de imediato, disse: "Então pode ficar tranquilo, vou agendar a consulta". E foi além: "Se o senhor tiver disponibilidade para hoje mesmo, eu posso tentar um encaixe". Depois de alguns instantes, ela retornou dizendo que a consulta havia sido agendada para o final do dia, às 17h30.

Não se sabe se o paciente sobreviveu ou não. E, se sobreviveu, não se sabe se foi porque a consulta foi agendada para o mesmo dia. O que se pode presumir é que o paciente passou a ter uma preocupação a menos, pois, a partir do momento em que a atendente se interessou por sua causa e agiu fora dos padrões estabelecidos para aquele dia a fim de atender ao seu pedido, ele percebeu que ela faria de tudo para resolver a questão referente ao agendamento. E assim o fez, pois conseguiu para o mesmo dia. O paciente passou a confiar na atuação da atendente e, consequentemente, na do hospital.

Além disso, não se duvidou da palavra do paciente; em uma relação humanizada, devemos presumir a boa-fé das pessoas. Talvez em outro contexto a atendente seguisse os trâmites normais. A solução a ser dada, independentemente da situação, deve ser sempre a mesma: o agendamento da consulta para o paciente — seja no momento da ligação ou posteriormente. A condução do atendimento, com a priorização de casos urgentes, é o que varia conforme o contexto.

E por que algumas empresas apostaram nessa estratégia de padronizar a condução do atendimento sem levar em consideração o contexto apresentado pelos clientes?

Porque, coincidentemente ou não, nessa mesma época as empresas começaram a automatizar seus processos operacionais, tais como folha de pagamento, lançamentos contábeis, consultas e saques em caixas eletrônicos nos bancos, check-in nos totens das companhias aéreas nos aeroportos, dentre outros processos.

A informatização — ou melhor, a automação — sem dúvida trouxe maior segurança, eficiência, comodidade e padronização, evitando que cada pessoa conduzisse um processo operacional de modo diferente das outras. Dado o sucesso da automação de processos, as empresas também procuraram padronizar o atendimento, ainda mais porque começaram a crescer, abrir filiais e, com a expansão da telefonia, criaram *call centers* para oferecer maior comodidade e agilidade aos clientes, além de possibilitar a redução de custos com o atendimento presencial.

Mas, em algumas centrais de atendimento, a realidade é bem diferente da situação explorada no início do capítulo, em que havia um atendimento personalizado e humanizado. Os atendentes, em muitos casos, não conhecem profundamente os produtos comercializados pela empresa; e ainda que conhecessem, não conhecem seus clientes nem têm a chance de conhecê-los, pois atuam remotamente, atendendo uma variedade de pessoas em um único dia — e dificilmente atenderão o mesmo cliente caso ele entre em contato novamente. Para esses *call centers*, a estratégia adotada foi a de criar roteiros rígidos, nos quais se procurava prever todas as perguntas e questionamentos que um cliente poderia fazer. Para cada um deles havia uma resposta específica ou um Procedimento Operacional Padrão (o famoso "POP"), que deveria ser seguido independentemente da situação do cliente ou do contexto apresentado. A principal justificativa para essa estratégia era garantir que, não importava quem atendesse o cliente, a solução seria a mesma.

É fundamental que a solução seja a mesma. No entanto, a condução e o modo de atender devem ser diferenciados. Isso porque o atendimento não é um processo operacional que pode ser rigidamente previsto em etapas, mas sim um processo humano, que envolve emoções. Cada pessoa traz para o diálogo suas histórias, vivências e experiências. E, se ela compartilha sua história, ou parte dela, espera que isso seja levado em consideração no momento de receber uma resposta.

É sempre bom frisar que todo ser humano é único e que, por isso, o atendimento deve considerar cada pessoa em sua individualidade. Não se pode robotizar a maneira como um profissional atende um cliente, pois ele não foi programado para ser um robô, mas criado para pensar e reagir conforme sua personalidade e a situação vivenciada naquele momento.

Para que os seres humanos se desvencilhem do seu passado robótico, ainda há um longo caminho a ser percorrido. Será necessária uma mudança no sistema educacional, a base da formação dos seres humanos, que influencia o comportamento futuro. De acordo com Senge *et al.* (2007):

> Os alunos se sentam passivamente em salas separadas. Tudo obedece a um plano predeterminado, com sinos, campainhas e regras para manter as coisas funcionando, como uma gigantesca linha de montagem, ao longo das horas, dias e anos. E, realmente, foi a linha de montagem que inspirou a organização da era industrial, cujo fito é obter um produto uniforme e padronizado com a máxima eficiência possível.

Embora o livro citado seja de 2007, parece-me que esse método de educação ainda é utilizado por muitas escolas, senão pela maioria, e não condiz com a realidade de um mundo em plena mutação e com necessidade de adequação constante. Esse modelo de atuação pedagógica contradiz o objetivo de um ensino de qualidade aliado às necessidades de um mundo atual, no qual os alunos devem ser estimulados a pensar, raciocinar e ter consciência de que em determinadas situações não há certo ou errado, sendo necessária uma interpretação ampla e sistemática — já que o certo ou errado é, muitas vezes, uma questão de ponto de vista.

Exemplificando: se alguém perguntar "O Brasil é um país bom?", haverá pessoas que defenderão que sim e outras que não, de acordo com seus pontos de vista. Se olharmos para a natureza, para a ausência de conflitos bélicos, para o carisma da população e para a hospitalidade do povo brasileiro, muitos dirão que o Brasil é o melhor país do mundo. Mas, se olharmos para os desabrigados, para as crianças abandonadas pelos pais, para aqueles que moram em calçadas e os que não conseguem se alimentar, a resposta será bem diferente. Basta comparar a letra de "Aquarela do Brasil", composta por Ary Barroso, que enaltece a beleza do país,

> *Brasil, verde que dá*
> *para o mundo se admirar*

com a letra de "Que país é este", interpretada por Renato Russo, da Legião Urbana, e por outros cantores brasileiros:

> *Nas favelas,*
> *No Senado,*
> *Sujeira pra todo lado,*
> *Ninguém respeita a constituição*

Quantos de nós não mudamos de opinião com relação ao nosso país? A depender da situação, ora elogiamos, ora criticamos. Se ouvimos "Aquarela do Brasil", os sentimentos bons sobre o país surgem; se escutamos "Que país é este", nossa percepção muda. Isso acontece porque o contexto influencia a nossa visão e opinião. E, com relação às pessoas — inclusive as mais próximas —, quantas vezes não fazemos o mesmo? Há momentos em que elogiamos alguém, e em outros criticamos essa mesma pessoa.

No mundo das relações humanas não há verdade absoluta, o que o diferencia das ciências exatas, em que 2 + 2 sempre será igual a 4, independentemente do país, do contexto ou da época do ano. Afinal, os teoremas matemáticos são universais (aplicáveis a tudo) e necessários (apresentam sempre o mesmo resultado).

Na humanização, diferentemente da matemática, toda verdade é relativa, pois o que é verdade para um pode não ser verdade para outro. Nas relações entre pessoas, a interpretação dos fatos e das informações é constante e nunca será a mesma, já que cada indivíduo os interpreta de acordo com sua percepção, crença, valores, personalidade e contexto.

Ademais, o conhecimento humano é limitado, pois não se sabe tudo, nem há como saber. Em determinadas situações, ao interagir com alguém, o máximo que se conhece é o que a pessoa deseja compartilhar, o que ela nos contou e o histórico da interação dela com a empresa, registrado no sistema ou lembrado por quem a atendeu. Logo, se alguém tira alguma conclusão sobre determinado fato ou situação com base em suas percepções, não se pode afirmar que está absolutamente certo ou errado.

Um exemplo clássico é a percepção dos números 6 e 9. Se alguém escreve o número 6 em um papel qualquer, a pessoa que está do outro lado poderá enxergar o número 9. E quem está certo? Ambos. Se ambos estão corretos, vale a pena discutir?

Outro exemplo que evidencia a dificuldade de afirmar se uma atitude está certa ou errada ocorre nos campeonatos infantis. Atualmente, muitas escolas entregam medalhas a todos os participantes, mesmo para aqueles que ficaram na última posição. Alguns defendem que essa atitude estimula a cooperação entre os colegas, o que é essencial nos dias de hoje, incentivando a participação de todos e evitando que as crianças se chateiem e se sintam desprestigiadas, o que poderia gerar algum trauma. Outros defendem que é necessário que as crianças se acostumem com as derrotas desde cedo, pois isso contribuirá para o seu amadurecimento e para que saibam lidar com os desafios da vida adulta. Além disso, o reconhecimento dos vencedores pode servir de inspiração para os demais. Qual postura está certa?

3. SERES HUMANOS E MÁQUINAS: CONVERGÊNCIA NA ATUAÇÃO E DIVERGÊNCIA NO TRATAMENTO

Não se pode mais confundir máquinas com seres humanos nem tratar seres humanos como se fossem máquinas. Os princípios de funcionamento de um ser humano são completamente distintos dos de uma máquina. Por outro lado, são opostos que, se bem conciliados, podem viver em eterna harmonia e colaboração. É como na música "Amor e sexo", de Rita Lee, cuja letra compara um termo ao outro o tempo todo, utilizando ideias muitas vezes opostas ou complementares:

> *Amor é cristão,*
> *Sexo é pagão,*
> *Amor é latifúndio,*
> *Sexo é invasão*

Todos sabem, ou ao menos a maioria concorda, que, em uma relação conjugal, o melhor é encontrar um equilíbrio entre os dois. Da mesma forma, nas relações entre empresas e clientes, a racionalidade — vinda dos dados e do histórico dos clientes — e a emoção — contida na história que o cliente traz no momento do atendimento —, quando unidas, podem tornar o atendimento uma experiência única, inesquecível e marcante.

Se uma peça de determinada máquina quebra, na maioria das vezes basta substituí-la. Mas, se alguma parte de um ser vivo for afetada, a recomposição precisa ser analisada de maneira sistêmica. Se levamos nosso carro para a manutenção, trocamos o óleo e ele volta a funcionar normalmente, com seres humanos a questão é bem diferente.

Nossa manutenção está relacionada a atividades físicas regulares, terapias, meditação etc. E, conforme vamos praticando esses hábitos, nosso comportamento e visão de mundo se alteram. Dessa forma melhoramos nossa inteligência emocional para lidar com as pessoas em qualquer tipo de relacionamento — seja com clientes, fornecedores, amigos, parentes, chefes, colegas ou subordinados. Para cada situação e interação, nosso modo de atuação deve se moldar ao contexto.

Em uma empresa, se a cadeira quebra, basta trocá-la por uma igual da mesma marca e modelo que a situação se resolve. Quando se trata de atitudes dos profissionais, deve-se analisar a situação antes de tomar a decisão de substituí-los. Por exemplo, a causa do mau atendimento pode estar relacionada a diversos fatores, como gestão, problemas pessoais, falta de perfil para a função ou desconhecimento do produto ou serviço. Substituir um profissional de atendimento em casos de descortesia muitas vezes não é a melhor solução, principalmente se o problema estiver relacionado à gestão, pois a troca desse profissional não eliminará ou diminuirá a descortesia com os clientes.

Outro ponto que deve ser considerado é que, a cada interação, não se pode prever com exatidão a reação de quem recebe a mensagem. A mesma frase pode surtir efeitos variados dependendo de quem a recebe. Há pessoas que, ao ouvir uma resposta ríspida, não se sentem atingidas e ignoram; outras ficam tristes; algumas rebatem; e há aquelas que podem até ironizar. Além disso, a reação de uma mesma pessoa pode variar conforme o momento que ela está vivendo. Esse é mais um motivo que evidencia que estabelecer padrões rígidos para a interação com os clientes não é eficaz.

Por isso existem diversas explicações para a natureza do comportamento humano, mas nenhuma delas é definitiva; sempre há nuances. Alguns tentam categorizar os indivíduos pelo zodíaco, considerando fatores como signo solar, ascendente e lua. Outros utilizam o eneagrama.[1] Há também quem se classifique pelo DISC,[2] entre outros métodos. O fato é que, até onde conheço, nenhuma delas explica o comportamento humano com precisão, pois sempre haverá variações a depender da pessoa, da situação e do receptor da mensagem.

Esses modos de explicar o comportamento humano são modelos que, se bem utilizados, podem contribuir para o autoconhecimento e para a compreensão do comportamento

---

1 O eneagrama, por meio de uma figura geométrica de nove pontas, ajuda a entender melhor a personalidade dominante de cada pessoa.

2 O DISC, que significa Dominância, Influência, Estabilidade e Conformidade, é mais utilizado nos processos de gestão de pessoas das empresas, envolvendo desde o recrutamento até a capacitação, e identifica, por meio de quatro cores, como as pessoas agem e reagem às mais diversas situações.

alheio, melhorando as relações interpessoais. No entanto, por se tratar de modelos, são simplificações da realidade — assim como os mapas, que nos ajudam a nos localizar e a chegar mais rápido e com segurança a um destino, mas não revelam todas as particularidades de uma localidade, o que só descobrimos ao explorá-la. Da mesma forma, só conhecemos ou aprofundamos nosso conhecimento sobre as características das pessoas à medida que interagimos com elas.

Por isso, muitas vezes não podemos prever com exatidão o comportamento de alguém — com exceção das mães, que parecem sempre adivinhar o que seus filhos querem, o que vão fazer e como estão se sentindo. Mas nossos clientes não são atendidos por suas mães; quando nos tornamos adultos, interagimos mais com outras pessoas do que com nossas mães.

Já com as máquinas é diferente: uma vez programadas, sabemos qual será o comportamento delas. Sabe-se que, ao colocar determinado líquido no congelador, se a temperatura estiver abaixo de zero grau Celsius, esse líquido se solidificará. Se o ar-condicionado for ajustado para determinada temperatura, o ambiente atingirá essa temperatura. Em um automóvel, pode-se prever com precisão quando o combustível acabará e quando será necessário trocar o óleo. O comportamento das máquinas é previsível, e, quando algo foge da normalidade, sempre há uma forma de consertá-las.

Os seres humanos, por outro lado, não se consertam — eles evoluem, e podem evoluir para diversas direções. Aprendem com seus erros e experiências, e tudo isso influencia o modo como vão interagir com os outros. A cada experiência que vivemos, podemos mudar nossa maneira de reagir às situações e de enxergar o mundo. Tanto é que Heráclito já dizia que ninguém se banha no mesmo rio duas vezes, pois, quando alguém entra pela segunda vez em um rio, águas novas substituem as que estavam lá.

Assim, cada ser humano tem sua própria história — como um DNA —, que contribuirá para moldar seu comportamento ao longo do tempo, e generalizar o comportamento ou a atitude de um ser humano é arriscado. No momento em que se faz isso, trata-se o ser humano como se fosse uma máquina.

Ainda assim, o ser humano não desiste: em meados de 1990 inventaram o bichinho virtual, mais conhecido como Tamagotchi. Para quem não conhece, era um pequeno dispositivo eletrônico em formato de chaveiro, que cabia no bolso e funcionava como um *pet* virtual. Quem adquirisse um Tamagotchi precisava cuidar dele: alimentá-lo e higienizá-lo por meio de comandos. Caso contrário, o bichinho poderia "morrer" — e essa morte ocorria de maneira virtual. De qualquer modo, se ele viesse a óbito, bastava que seu dono fizesse um minuto de silêncio em sua memória e resetasse, criando um novo *pet* virtual.

Na minha visão, embora fosse um jogo, nada mais fez do que virtualizar um bicho de estimação para aqueles que não podiam ter um de verdade. No entanto, os *pets* reais têm funções muito maiores: fazem companhia, diminuem a solidão e, assim como os seres humanos, são dotados de emoções, reagindo de maneira diferente conforme o contexto e o ambiente.

Cada atitude de um *pet* — por mais repetitiva que pareça — sempre será única para seu tutor e para quem estiver presente. Afinal, assim como nós, o *pet* é um ser vivo, apenas não é um ser humano. Um *pet* virtual não consegue cumprir essa função. Ele pode até ser um passatempo, mas nunca será um companheiro. Por isso, embora tenha sido febre em algum momento, o Tamagotchi acabou perdendo relevância. Nos últimos tempos voltou a ser comercializado, possivelmente com um volume menor de vendas

4. EVOLUÇÃO DO RELACIONAMENTO ENTRE EMPRESA E CLIENTE AO LONGO DO TEMPO

Na época da Revolução Industrial, os produtos manufaturados eram uma novidade. Poder comprar uma roupa pronta em uma loja, em vez de esperar dias pelo trabalho de um alfaiate — ou, para quem não tinha condições de contratar um, costurar em casa para si e sua família (antigamente as casas tinham o quartinho de costura) —, foi uma grande comodidade e conveniência. Ainda que a roupa comprada na loja ficasse um pouco larga, já que não era feita sob medida, isso não incomodava os consumidores. Afinal, era muito melhor ter uma peça um pouco maior, que poderia ser ajustada rapidamente, do que costurar em casa ou esperar pela confecção de um alfaiate.

Outro exemplo foi a invenção e a produção do automóvel em larga escala. Quem pôde adquirir um carro deixou de se deslocar a cavalo, e, ainda que o veículo "morresse" de vez em quando, o pneu furasse com mais frequência do que hoje e não houvesse ar-condicionado, o conforto e a velocidade que o automóvel proporcionava eram vantagens significativas em relação ao cavalo.

Um exemplo mais recente, do final do século XX, é o celular. Poder atender a uma chamada telefônica em qualquer lugar, em vez de estar restrito a fazer isso apenas em casa ou no trabalho, foi uma inovação que trouxe maior conforto e comodidade. Ainda que o sinal caísse em alguns momentos, o que acontecia nos primeiros anos após o lançamento, o benefício superava os desafios técnicos.

Nessas situações, quando a novidade chega ao mercado, os clientes não são tão exigentes, pois antes do lançamento nem imaginavam que poderiam contar com determinada comodidade. Além disso, a alta procura — motivada não só pela inovação, mas pelo desejo de experimentar algo novo — fazia a oferta ser limitada em relação à demanda. Quem não se lembra, ou não ouviu falar, das filas na loja das operadoras de telefonia nos anos 1990, quando lançaram os celulares? Se algum cliente não ficasse satisfeito com o produto novo, isso não era problema para os empresários, pois havia outros consumidores dispostos a comprá-lo.

Dessa forma, o profissional de atendimento, em muitas situações, era um mero tirador de pedidos — tanto é que era conhecido como balconista. Comerciantes e fabricantes sabiam que sempre haveria demanda para seus produtos, então não precisavam investir em técnicas de vendas, marketing ou experiência do cliente.

Por outro lado, conforme nos acostumamos com a comodidade de um novo produto, a partir de certo momento ele deixa de ser uma novidade e se torna uma commodity. Há quarenta anos, por exemplo, ter ar-condicionado no carro era um luxo e uma comodidade. Hoje, algumas pessoas discutem com os motoristas de aplicativo quando o ar não está ligado, pois consideram inconcebível se locomover em um automóvel sem uma temperatura agradável. Na época da invenção do carro, porém, o calor que alguém sentia ao se deslocar a cavalo era muito maior do que ao se deslocar em um veículo, e bastava abrir os vidros para amenizar o desconforto. O mesmo aconteceu com o wi-fi. Como bem menciona Longo (2014), estabelecimentos que não oferecem acesso à internet hoje podem ser considerados mesquinhos, enquanto há quinze anos o wi-fi era um diferencial atrativo.

A partir do momento em que a novidade vira uma commodity, os clientes passam a não tolerar mais falhas. Mas há alguns anos, não havia Código de Defesa do Consumidor nem redes sociais. Ou seja, além de não estarem protegidos legalmente, os clientes não tinham meios de amplificar suas reclamações. Assim, o foco das empresas estava no produto, no sentido de que o importante era projetá-lo e fabricá-lo conforme especificações técnicas — e não de acordo com as necessidades e preferências dos clientes.

Isso se refletia na gestão das empresas, que adotavam um modelo comando-controle, com estruturas rígidas e hierárquicas, sem flexibilidade. Não se falava em gestão participativa nem em foco no cliente, pois as empresas detinham o poder sobre os consumidores. Como sabiam que suas vendas estariam garantidas, qualquer prejuízo que o cliente sofresse dificilmente resultaria em uma condenação para a reparação de danos.

Há diversos exemplos desse tipo de prática, como o overbooking nas companhias aéreas ou os altos juros cobrados em financiamentos imobiliários, nos quais, mesmo após o pagamento de várias prestações, a dívida do cliente muitas vezes continuava superior ao valor do imóvel.

NA ERA DA REVOLUÇÃO INDUSTRIAL

Figura 1

Para equilibrar essa relação e para que o cliente tenha igualdade de poder perante as empresas, em 1990 foi promulgado o Código de Defesa do Consumidor, que, em seus dispositivos, garante maior proteção ao cliente, reconhecendo sua vulnerabilidade nas relações de consumo, principalmente com relação a grandes empresas, e instituindo a possibilidade de inversão do ônus da prova a favor do consumidor. No Direito impera um princípio segundo o qual o ônus da prova cabe a quem alega, mas, em se tratando de relações de consumo, se um comprador, em juízo, alegar que o produto adquirido já veio com defeito, o juiz poderá determinar que a loja comprove o contrário. Assim, se alguém comprar um produto e alegar que, ao abrir a caixa, verificou que estava faltando algum item — por exemplo, o cabo de força —, o juiz poderá determinar que a loja comprove que entregou o produto com todas as peças. Por isso, em muitos lugares o lojista abre a caixa na frente do consumidor para verificar se falta algo.

Há outras situações que protegem os consumidores, por exemplo, quando o cliente recebe algum produto sem solicitar. Nesse caso, o item é considerado amostra grátis.

Além do advento do Código de Defesa do Consumidor, que empoderou os clientes, houve o aumento da concorrência, devido à instalação de novos pontos de comércio e indústria, e a abertura do mercado aos produtos estrangeiros, ou melhor, importados. E então as empresas, em seus discursos, começaram a trazer o cliente para o centro das decisões. Mas na prática não era bem assim, pois em muitos casos não havia uma preocupação genuína com o consumidor; o que as empresas buscavam era evitar prejuízos caso o cliente ingressasse com um processo judicial.

O importante era tratar bem o cliente e fazê-lo comprar o máximo de produtos possível, sem levar em consideração a sua necessidade ou desejo. Era comum, hoje é menos frequente, em algumas lojas, provar uma roupa e o vendedor elogiar o caimento, dizendo que havia ficado perfeito, quando muitas vezes não era verdade.

A intenção do profissional de atendimento era fazer a melhor venda para a empresa e não para o cliente. Ele deixou de ser um balconista e passou a ser um vendedor, sendo comum ouvir frases do tipo "Isso é papo de vendedor" quando as pessoas entendiam que o representante da empresa estava supervalorizando um produto.

Muitos consumidores compravam produtos iludidos pelos vendedores e depois se arrependiam, mas não havia muito o que fazer. Sua insatisfação não ecoava; só o que podiam fazer era consumir de outra loja, e aquela que vendeu anteriormente teria outros clientes para continuar lucrando. Dessa forma, a perda de um cliente era compensada com outros, e assim o foco das empresas era o resultado no curto prazo, pois não se falava em sustentabilidade dos negócios. Nessa época os clientes se tornaram mais exigentes no sentido de não concordarem mais com situações diferentes do que havia sido combinado ou contratado, e já não aceitavam passivamente um prejuízo causado pela empresa, como os overbookings nas companhias aéreas, conforme vimos.

NA ERA DO CLIENTE

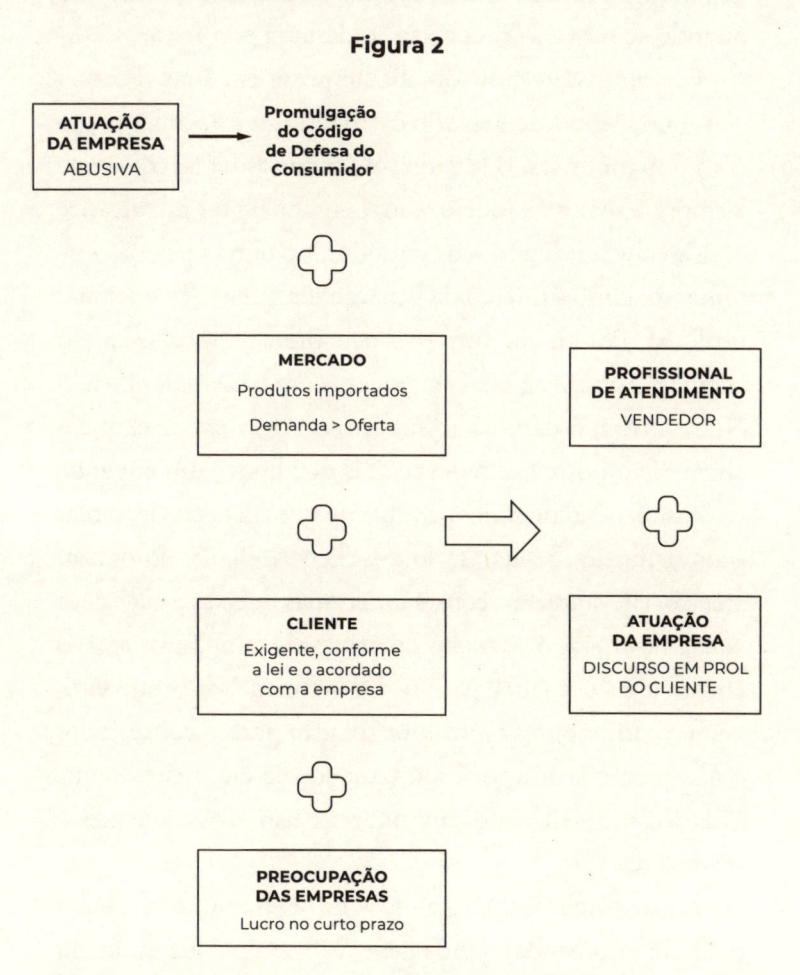

Figura 2

```
ATUAÇÃO DA EMPRESA    →    Promulgação do Código
ABUSIVA                    de Defesa do Consumidor
                           +

MERCADO                    PROFISSIONAL DE ATENDIMENTO
Produtos importados        VENDEDOR
Demanda > Oferta
          +         ⇒              +

CLIENTE                    ATUAÇÃO DA EMPRESA
Exigente, conforme         DISCURSO EM PROL
a lei e o acordado         DO CLIENTE
com a empresa
          +

PREOCUPAÇÃO DAS EMPRESAS
Lucro no curto prazo
```

Depois, entramos em uma nova era, a das mídias sociais, na qual o poder de reverberação de uma insatisfação pode acabar com os negócios de uma empresa. Uma insatisfação, ainda que injusta, pode provocar a evasão de diversos clientes; os "*haters*" passaram a ter um poder imenso. Nessa nova era, não há a oportunidade do contraditório; um fato negativo espalhado causa inúmeros prejuízos, e mesmo quando se prova a "inocência" o dano já está feito.

Exemplo: determinado cliente posta em suas redes sociais que, depois de deixar o carro em um estacionamento com o manobrista, o veículo sofreu danos na lataria e que a empresa se nega a indenizá-lo. Isso poderá ter um alcance considerável, fazendo seus seguidores e outras pessoas que tomaram conhecimento da situação deixarem de estacionar no local. Porém, ao apurar o ocorrido, verifica-se que o cliente já entrara no estacionamento com o carro danificado. Nessa altura, o dano já aconteceu, e é bem provável que o cliente não poste nas redes sociais que houve um engano.

Assim, os empresários perceberam que era necessário atuar genuinamente no interesse de seus clientes, escutando-os com atenção e levando em consideração suas queixas e sugestões. Nessa nova era, o conceito de exigência ganha um *plus*: o cliente quer o melhor para si. Dessa forma, os vendedores começaram a buscar a melhor solução para o consumidor e não para o seu negócio ou para aquele que representam. Atuam como verdadeiros consultores, e não mais como meros vendedores.

Nessas situações, chegando a um extremo, o vendedor pode até recomendar que o cliente não compre determinado produto que estaria prestes a adquirir ou que compre um mais barato, pois o importante é que ele recomende a empresa a outras pessoas.

A recomendação de uma marca ou empresa feita pelos consumidores é fundamental nos dias de hoje. Como eles sempre buscam alternativas, o fato de não retornarem a um restaurante onde jantaram em algum momento, por exemplo, não significa que não gostaram, mas que simplesmente desejam experimentar outros estabelecimentos. Logo, em muitas situações, como não se pode esperar fidelidade devido a esse perfil do consumidor, é necessário atuar de modo que ele recomende o local, permitindo que outros o conheçam e também o recomendem.

NA ERA DAS MÍDIAS SOCIAIS

Figura 3

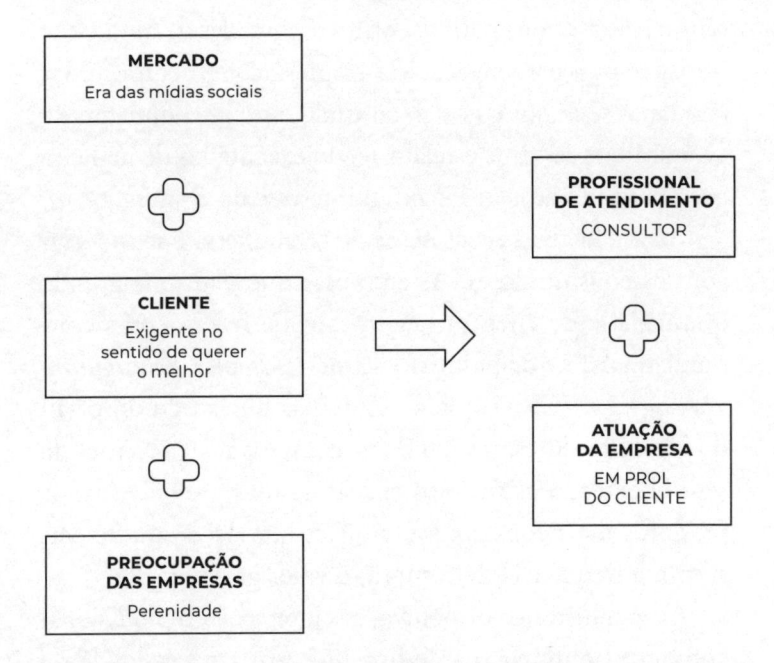

```
MERCADO
Era das mídias sociais

        +

CLIENTE                    →        PROFISSIONAL
Exigente no                         DE ATENDIMENTO
sentido de querer                   CONSULTOR
o melhor
                                         +

        +                           ATUAÇÃO
                                    DA EMPRESA
PREOCUPAÇÃO                         EM PROL
DAS EMPRESAS                        DO CLIENTE
Perenidade
```

A recomendação por anônimos ou por pessoas mais próximas tem um poder muito maior do que a recomendação por celebridades, pois sabe-se que elas estão sendo pagas para divulgar e falar bem dos produtos. Outro fator importante é que a recomendação por anônimos em uma rede social tem um alcance muito maior do que o "boca a boca" tradicional. O alcance está diretamente relacionado ao número de seguidores. Quando um anônimo recomenda uma empresa, os seus seguidores saberão, ou tenderão a pensar, que se trata de uma publicidade espontânea; por conseguinte, a mensagem ganha credibilidade e a intenção de compra pode aumentar.

Então, nessa nova era, é fundamental que os profissionais das empresas, para atuar como consultores, conheçam melhor seus clientes e consigam se conectar com eles de modo que transpareça a preocupação da empresa com o consumidor, enquanto seres humanos, garantindo que o atendimento e a prestação de serviços estejam sendo executados de maneira personalizada de acordo com o interesse do comprador.

Assim, há duas ações necessárias: conhecer e se conectar com os consumidores. As empresas que têm uma grande quantidade de clientes necessitam de ferramentas computacionais, principalmente as de *Customer Relationship Management* (CRM), para auxiliá-las no estudo do perfil dos consumidores, revelando as compras mais recentes de seus clientes, seus últimos contatos, suas preferências, os produtos mais consultados, aqueles que deixaram de consumir, a frequência de compra, o valor gasto etc.

Com o histórico disponível das interações, o profissional consegue conduzir o atendimento sem a necessidade de realizar qualquer pergunta sobre o passado do cliente com a empresa, gerando uma eficiência maior no atendimento e evitando questionamentos desnecessários e por vezes até repetitivos, que podem incomodá-lo.

Exemplo: em uma loja de calçados, em vez de perguntar o número que o cliente calça, o vendedor pode dizer: "Consultando o sistema, eu verifiquei que da última vez você comprou a numeração 40. Ficou bom?". Se o cliente disser que sim, o vendedor já busca essa numeração, ou uma maior ou menor, a depender da resposta, otimizando assim a prova de calçados. Ou, em uma farmácia, quando alguém vai comprar um remédio, está sem a receita e esqueceu a dosagem, quem estiver atendendo pode consultar o registro da última compra e perguntar ao cliente se ele passou no médico depois daquela data e se houve ou não alteração na dosagem.

No entanto, melhor do que fazer uso dos dados informados automaticamente pelos sistemas da empresa é empregar as informações inseridas pelos próprios funcionários, como ocorre no Hotel Ritz (Sucher; McManus, 2005): caso um hóspede, no quarto em que estiver hospedado, mude algum móvel de lugar, como uma cadeira, essa informação é registrada no sistema e, quando ele voltar a se hospedar ali, o quarto será arrumado de modo que a cadeira fique na posição que ele deixou quando visitou o hotel pela última vez.

Melhor ainda é fazer uso da tecnologia para surpreender o cliente, como no exemplo a seguir, que evidencia uma verdadeira atuação *omnichannel*:[3]

---

3 *Omnichannel* é a disponibilização de múltiplos canais de atendimento aos seus clientes feitas pelas empresas de maneira integrada.

> O cliente tinha pesquisado há alguns dias um determinado produto no site da empresa. Em outro dia, ligou para o SAC cancelando uma compra de um item que não gostou, gerando um crédito para uma compra futura. Ao passar próximo de uma loja da rede, através de geolocalização, o aplicativo da loja informa, via *push*, que o produto que ele pesquisou há alguns dias está disponível na loja física próxima a ele, e que a empresa concederá um desconto como pedido de desculpas pelo produto que ele devolveu por não ter gostado. (ONO, 2016)

Toda essa tecnologia permite conhecer bem o cliente, principalmente durante o atendimento, possibilitando, como já vimos, um ganho de eficiência. Essa interação homem-tecnologia (máquina) é fundamental para auxiliar no aumento da satisfação. Mas não é suficiente, pois é necessária a conexão humana com o cliente, que hoje, neste mundo pós-digital em que vivemos, é um grande desafio. E é pós-digital por quê? Segundo Longo (2014), o digital já permeia tudo, faz parte das nossas vidas, e só nos damos conta de que ele existe quando nos falta.

Por exemplo, se você faz um curso on-line, não imagina que, quando chegar em casa, não terá internet para realizar o curso; muitas vezes você nem tem um plano B para uma situação como essa, pois não espera que falte sinal de internet. É como a eletricidade: você não imagina que em um dia de inverno, após chegar do trabalho, faltará energia elétrica para tomar o seu banho quente. Indo mais longe, é como o ar: não percebemos sua existência até que ele nos falte.

O digital está no nosso dia a dia, já o incorporamos. Basta ver a nossa rotina diária. Sem o digital, não vivemos: acordamos com o despertador do celular (não mais pelo relógio de ponteiros que tinha um despertador mecânico acoplado e que poderia acordar toda a vizinhança com seu volume alto), e por meio de biometria, seja facial ou digital, usamos o mesmo dispositivo para verificar as nossas redes sociais, o nosso saldo bancário, as nossas mensagens e as principais notícias, ou mandamos mensagens de bom-dia; há quem encomende o café da manhã por aplicativos específicos. Ao sair de carro, informamos a outro aplicativo específico o nosso destino, para que ele nos guie pelo melhor caminho; se utilizamos o transporte público, consultamos a previsão do tempo para verificar se levaremos ou não o guarda-chuva. Na hora do almoço, podemos comprar algo para comer por aplicativo. Na academia, como ficaria a playlist sem o celular? E os pagamentos realizados no dia a dia, como seriam feitos sem a tecnologia? Como seria planejar uma viagem?

Se houver uma falha no sistema de pagamento da instituição financeira em que você é cliente e você estiver em um restaurante, possivelmente não conseguirá pagar a conta com seu cartão e possivelmente não terá dinheiro disponível na carteira, nem talão de cheques, pois não imaginava que fosse acontecer uma falha. Se a falha ocorrer no sistema do restaurante, o garçom não conseguirá emitir a nota fiscal e terá que lembrar, junto a você, tudo o que foi consumido e somar na calculadora, pois ele não terá anotado em nenhum papel o que cada cliente de cada mesa consumiu.

Nesse contexto em que a tecnologia e a automação permeiam tudo e os clientes, na maioria das situações, conseguem se autoatender, a diferenciação estará naquelas empresas e profissionais que conseguirem uma aproximação com as pessoas, que conseguirem tratar o cliente de modo que ele se sinta único, e para tanto é necessária, conforme já dito, uma conexão entre seres humanos, de ser humano para ser humano.

Ainda mais pelo fato de que atualmente ninguém mais é anônimo ou um simples número. Afinal, todos, se quiserem, podem ter um rosto na rede social e registrar sua história em uma linha do tempo, da forma que desejarem, tornando-se únicos para o mundo. As pessoas ganharam poder e protagonismo e exigem respeito a sua individualidade, não admitindo serem tratadas como massas ou grupos (Longo, 2019). Para reconhecer a individualidade de cada ser humano, as empresas apostam e devem continuar apostando na diversidade de raça, gênero etc. Elas sabem que a diversidade de seus clientes e consumidores deve se refletir nos mais diversos níveis hierárquicos de suas organizações.

Na minha época escolar, lembro-me de que a famosa chamada, para verificar a presença, era feita por número: os professores diziam os números em ordem crescente e, quando o aluno ouvia o número que o representava, respondia "Presente". Creio que seja uma prática abandonada nas escolas para verificar a presença dos alunos: atualmente, em vez de anunciarem os números, devem anunciar os nomes.

Enquanto clientes nas empresas, muitos tinham um número de cadastro, que era o que os identificava. Éramos, sim, tratados como números e, consequentemente, tratados de maneira robótica, pois era muito comum, e em muitos lugares ainda é, você entrar em contato com a empresa e a primeira atitude do representante ser solicitar o seu número de CPF, sem ao menos perguntar o seu nome.

Atualmente há laboratórios de análises clínicas em que, no momento da retirada da senha, existe a opção de digitar o nome de quem será atendido (o paciente) para que no painel que direciona para a mesa de atendimento apareça o nome do paciente em vez do número da senha, viabilizando maior personalização. Se o cliente quiser manter o anonimato, a sua vontade prevalecerá, bastando definir no momento da retirada da senha que ele seja anunciado pelo número e não pelo nome.

5. UMA NOVA POSTURA PERANTE A TECNOLOGIA

No contexto que descrevemos nos capítulos anteriores, precisamos adotar uma nova postura. Longo (2014) afirma que precisamos ter alma digital, que na minha visão consiste em aproveitar os benefícios que a tecnologia nos proporciona para melhoria das nossas vidas.

O que muda a partir de então não é a adoção de uma nova tecnologia, e sim o uso que se faz dela. De que adiantaria alguém ter um celular se fosse para utilizar apenas quando estivesse em casa? É necessário aproveitar a comodidade, a praticidade e a segurança que a tecnologia nos proporciona.

Por exemplo, em outros tempos os médicos anotavam em fichas de papel tudo o que acontecia na consulta, inclusive os resultados dos exames e a prescrição de remédios ou de tratamentos; cada paciente tinha uma. No dia da consulta ou um dia antes, a secretária separava as fichas para que o médico pudesse dar continuidade às anotações durante a nova consulta. No caso dos hospitais, nos quais vários médicos atendem no mesmo dia, inclusive em prédios distintos mas próximos, havia toda uma logística para distribuir as fichas, ainda mais pelo fato de alguns profissionais compartilharem a sala no mesmo dia em períodos diferentes. Nessa situação, se houvesse uma consulta de encaixe, muitas vezes a ficha do paciente não era trazida ou era preciso esperar um tempo considerável para que ela chegasse às mãos do médico.

Hoje existem médicos que digitam todas as informações em sistemas próprios, que podem ser acessados por outros médicos, não sendo mais necessário todo esse trâmite de fichas, que inclusive poderiam estar sujeitas a extravio.

Qual foi o ganho para o paciente? Eu arriscaria dizer que talvez, nas consultas presenciais, nenhum, pois atualmente alguns médicos gastam muito mais tempo digitando do que conversando ou examinando o paciente. Frequentemente a consulta inicial se resume a perguntar os principais sintomas, solicitar exames e registrar tudo no sistema. No retorno, o médico analisa o exame e prescreve o tratamento, muitas vezes sem examinar o paciente, a depender da situação.

Ou seja, pode-se dizer que, em algumas situações, há certa distância entre o médico e o paciente, e esse processo possibilitou a implantação da telemedicina. O histórico pode ser consultado on-line e a qualquer momento por qualquer médico autorizado a acessar o sistema, e a hipótese diagnóstica, em algumas vezes, é essencialmente realizada por meio das respostas dos pacientes às questões do médico. Além disso, o diagnóstico é estabelecido com base nos resultados dos exames. Por todos esses motivos, a consulta presencial é dispensável para os médicos que não examinam o paciente. Assim, embora muitos possam pensar que a telemedicina foi implementada devido à pandemia de covid-19, eu me arrisco a afirmar que a pandemia apenas acelerou o processo.

Outro exemplo se refere à adoção de novas posturas que agregam valor ao negócio. Suponha-se que um centro médico ou um hospital desenvolva um modelo de inteligência analítica para identificar pacientes que tenham predisposição a desenvolver determinados tipos de doenças, tais como a diabetes. Uma vez desenvolvido o modelo analítico, essa empresa deverá verificar uma nova forma de atuação para utilizá-lo, com a finalidade de ter uma atuação mais efetiva, eficiente e eficaz.

Uma postura nova seria, para os pacientes com potencial de desenvolver diabetes, mensurar, sob sua ciência, o seu nível de glicose sempre que eles comparecerem à clínica ou ao hospital, e não indicar remédios que não seriam prescritos a um diabético, mesmo para aqueles que não tenham desenvolvido a doença. Obviamente sou um leigo em medicina, mas todo esse processo deve seguir a ética e os protocolos médicos; trata-se apenas de um uso possível de Inteligência Analítica.

Outra característica desse mundo pós-digital, segundo Longo (2014), é a efemeridade. Contrariando Elis Regina, hoje em dia já não vivemos como nossos pais, e, a depender da pessoa, não se vive mais nem como os irmãos mais velhos, pois tudo muda muito rápido e ao mesmo tempo. Isso porque, além do avanço tecnológico, recebemos informações constante e instantaneamente, o que faz o comportamento dos seres humanos mudar sempre.

Os produtos têm um ciclo de vida bem menor. Basta lembrar do fax (anterior à disseminação da internet, mas posterior à expansão das linhas telefônicas fixas no país), lançado na década de 1990, que em menos de trinta anos deixou de existir. Na época era uma comodidade enviar um documento de um lugar para o outro, substituindo a entrega por office-boys, correios etc. Com a introdução do e-mail e do escaneamento dos documentos, o aparelho de fax perdeu a utilidade, mas durante alguns anos não houve como negar a sua importância. Até mesmo o e-mail tem deixado de ser utilizado; as pessoas têm dado preferência a meios de comunicação mais síncronos, como o WhatsApp, pois as trocas de mensagens são bem mais rápidas, indo ao encontro do imediatismo requerido nos dias de hoje. Talvez o WhatsApp só não seja mais síncrono do que o contato pessoal ou as chamadas de voz e vídeo.

Essa efemeridade é agravada pelo fato de que, na sociedade de consumo na qual vivemos hoje, o que é permanente é apenas a insatisfação. Afinal, para manter o desejo de consumo constante, quando um consumidor consegue o produto desejado, as empresas e a própria sociedade, de maneira tácita, depreciam esse bem e o desvalorizam, tanto é que, segundo Bauman (2009), o caminho da loja até a lata do lixo deve ser curto.

Ainda segundo o autor, a separação da síndrome consumista de sua antecessora, a síndrome produtiva, nega a procrastinação, colocando o valor da novidade acima do valor da permanência. Tanto é assim que as pessoas se endividam para ter os seus bens imediatamente, enquanto no passado era comum poupar para depois comprar à vista, inclusive casas e automóveis, e o acesso ao crédito era bem dificultado. No passado alguns clientes se sentiam envergonhados ou constrangidos ao solicitar um empréstimo. Hoje, não: o cliente se sente constrangido se a instituição financeira negar. Caso haja a negativa do crédito, alguns até insistem, muitas vezes recorrendo a diversas instâncias, inclusive a órgãos de defesa do consumidor e reguladores.

Tudo o que era sólido tem se fragmentado, se tornou líquido em um primeiro momento e agora, devido ao alto grau de efemeridade do mundo atual, está se tornando gasoso. As relações entre as pessoas se iniciam e se encerram rapidamente, seja entre casais, profissionais ou em outros âmbitos. É comum mantermos relações situacionais nos dias de hoje: fazemos contato com a pessoa apenas em um momento específico.

Antes as pessoas faziam carreira em uma única empresa e ali conviviam com seus colegas de trabalho por trinta anos. Os vizinhos se conheciam, visitavam uns aos outros com certa frequência, diariamente em algumas situações, "olhavam" os filhos uns dos outros quando um deles precisava sair. Hoje não: as pessoas, por uma série de fatores, não compram mais imóveis, acabam por alugá-los e não permanecem neles por muito tempo. Os filhos são deixados na escola e lá ficam em período integral; os pais se conhecem mais pelos grupos de WhatsApp do que pessoalmente.

O importante neste mundo tão efêmero é a rápida adaptação a qualquer mudança no ambiente, para que se tenha maior possibilidade de obter êxito. Quando se vive em meio à mutação constante, não se deve remar contra a maré, pois a força da natureza é muito maior do que a humana.

Um dos primeiros episódios de adequação ao ambiente ocorridos no Brasil remonta à época da chegada dos portugueses, em 1500, como descrito por Longo (2019): Cabral iria até as Índias, mas os ventos sopraram para solo sul-americano e contra o vento não se luta. Em qualquer situação em que não é possível a vitória, o melhor é seguir a máxima "Se não puder vencê-los, una-se a eles". Se Cabral não tivesse se adequado à situação, que no caso seria navegar em conformidade com a direção do vento, possivelmente nem à Índia ele teria chegado e sua expedição teria sido um fracasso; como ele se adaptou ao vento, a expedição foi um sucesso. Quantas vezes pessoas ou empresas fracassam por não se adaptarem a uma nova situação ou, por mera questão de orgulho, por insistirem em seguir o seu plano original?

Por outro lado, o mundo tecnológico, apesar de trazer insegurança com respeito ao futuro, oferece uma segurança nos processos que não existia anos atrás. Por exemplo, antigamente, quando se pagava a conta de luz, o recibo precisava ser guardado, ou melhor, o documento (a conta de luz) autenticado pelo banco precisava ser guardado, para o caso de algum dia haver uma cobrança indevida — o que não era impossível, pois desde o recebimento no banco até a efetiva baixa na concessionária de energia elétrica o processo era manual e estava sujeito a erro.

Para contas pagas com cartão de crédito, o lojista era obrigado a providenciar uma ficha para cada compra e encaminhar para o banco processar. Essas fichas eram geradas por uma máquina. Por um processo mecânico, os dados do cartão (número, nome do cliente etc.) eram transpostos para elas por meio de decalque, e o valor era inserido manualmente pelo vendedor. Eram geradas três vias da ficha com o uso de papel-carbono: uma via era destinada ao cliente, outra para o lojista e a terceira seguia para o processamento.

Havia digitadores para processar essas fichas, e qualquer erro poderia ocasionar graves prejuízos. Era por isso que tudo devia ser guardado, ou melhor, arquivado. E hoje? Hoje não. Pagamos, tanto no débito quanto no crédito, e não nos preocupamos em guardar a comprovação, pois confiamos no sistema de compensação e no dos bancos. Não se veem mais cobranças por contas que já foram pagas como ocorria antigamente em algumas situações.

Por outro lado, a insegurança que tínhamos nos processos, sentimos, hoje, nas relações entre as pessoas. Essa insegurança, aliada à questão dos relacionamentos situacionais, acaba dificultando ainda mais o estabelecimento de conexões, principalmente quando as pessoas não fazem parte do nosso convívio diário ou periódico. É o caso de clientes de empresas que buscam o contato esporadicamente e muitas vezes por canais remotos ou digitais, em que a conexão pode ser dificultada pela ausência da interação presencial.

6. FATORES QUE DIFICULTAM A CONEXÃO ENTRE SERES HUMANOS

As características do mundo contemporâneo trazem algumas dificuldades, que prefiro chamar de desafios, a serem superados para que a conexão entre seres humanos de fato ocorra.

O primeiro ponto a ser tratado consiste no volume de informações geradas, que cresce exponencialmente a cada ano. De acordo com o site Linkage: "Diariamente, o mundo gera cerca de 2,5 quintilhões de dados. E 90% dos dados disponíveis hoje foram gerados nos últimos 3 anos". E ainda, segundo informações do mesmo site: "De acordo com a IDC (International Data Corporation), espera-se que a quantidade de dados gerados no mundo alcance 175 zettabytes até 2025, um aumento significativo em relação aos 33 zettabytes gerados em 2018".

Além desse fato, a rapidez com que a informação chega até as pessoas aumentou, e é praticamente na velocidade da luz. Um fato que ocorre na Austrália pode chegar ao conhecimento das pessoas no Brasil em uma fração de segundo, bastando mandar uma mensagem pelo celular ou publicar em uma rede social. Se voltarmos ao passado, as informações chegavam por telefonia fixa, telégrafos ou cartas; estas últimas dependiam do transporte aéreo para alcançar o destinatário, o que poderia levar dias, considerando toda a logística envolvida.

Mas antes desse tempo, quando não havia aviões, telefone e telégrafo, as informações eram levadas de navio ou a cavalo. Os portugueses chegaram ao Brasil em 22 de abril de 1500, e há relatos de que a carta enviada por Pero Vaz de Caminha foi entregue ao rei de Portugal apenas em dezembro do mesmo ano.

Em um tempo não muito longínquo, para as pessoas se informarem bastava comprar o jornal, realizar a leitura ao longo do dia e se atualizar com as notícias do noticiário televisivo noturno. Hoje a atualização das informações é on-line, com um volume muito maior gerado a cada dia; muitos têm a necessidade de se manterem atualizados a cada instante. Como as fontes de notícias são diversas (WhatsApp, portais na internet, redes sociais, telefone, e-mail), não é pouco comum alguém estar em uma reunião, conectado a alguma plataforma, mas lendo e-mails e respondendo mensagens no WhatsApp, sem sequer prestar atenção naquele ser humano que está lhe dirigindo a palavra.

Nesse sentido, nos diálogos, como o receptor muitas vezes não presta muita atenção ao emissor — já que acaba se distraindo com outras informações e estímulos que chegam até ele —, não se consegue uma conexão plena com quem emite a mensagem. Dessa forma, o receptor se prepara para responder objetivamente às perguntas do emissor com o seu repositório de soluções, sem levar em consideração o contexto daquela conversa ou situação, o que acarreta interações superficiais. Para sanar esse problema, os seres humanos precisariam ter uma competência multitarefa, no sentido de fazer várias atividades ao mesmo tempo com a mesma qualidade de quando fazem uma por vez. Porém, o nosso desempenho monotarefa continua sendo o melhor.

O que existe, então, é um déficit de atenção agravado pelo alto volume de informações que recebemos simultaneamente de diversas fontes. Os seres humanos entendem que devem absorver tudo, sob pena de não estarem atualizados. Mas ninguém é obrigado a saber tudo. Muito melhor do que tentar saber tudo é dar atenção às demais pessoas quando elas precisam de nós ou nos procuram. Apenas com a atenção plena teremos um atendimento humanizado.

Figura 4

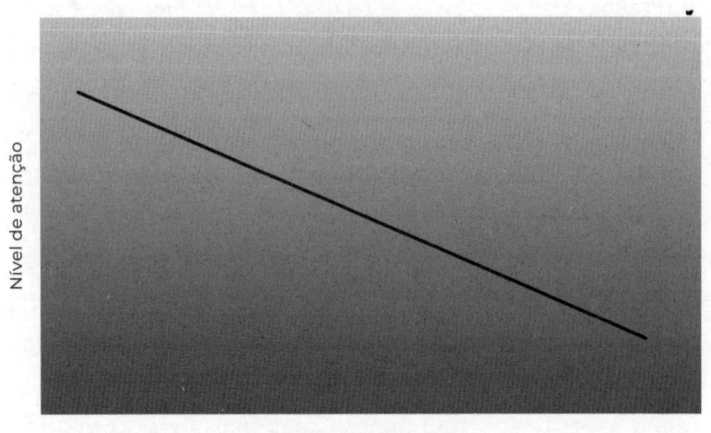

Nível de atenção (eixo y)
Volume de informação (eixo x)

A distração é inerente às relações de hoje. Não se presta atenção a quase nada que não seja do interesse da pessoa que está recebendo a mensagem. Pode-se dizer que o receptor age de maneira egoísta, na medida em que não se conecta com o emissor da mensagem para compreender melhor a situação e tentar ajudá-lo.

Para o atendimento humanizado, é necessário que o atendente seja generoso, focando tão somente em seu interlocutor, para que a história dessa pessoa, suas angústias, seus anseios e suas solicitações sejam a única preocupação de quem está recepcionando a mensagem. É como se fosse uma sessão de terapia, na qual o psicólogo está disponível somente para o seu paciente. Quando isso não acontece, e não se presta atenção, muitas vezes é necessário repetir a mesma história ou o mesmo pedido. Veja se algo similar ao exemplo a seguir já não aconteceu com você e depois pense em como se sentiu durante a situação.

Uma cliente chega a uma padaria e solicita no balcão:
— Quero uma coxinha e uma esfirra de carne para viagem.
O atendente então pergunta:
— A coxinha é com ou sem catupiri?
— Com catupiri — responde a cliente.
— Então uma coxinha com catupiri e uma esfirra para comer agora?
— Não, é para viagem.
— Ah, tá! Mas a esfirra é de queijo, né?
— Não, de carne.

Resumindo, e conforme Xavier (2018), a riqueza de informação a que temos acesso, aliada à nossa falta de capacidade de retenção, acabou criando uma pobreza de atenção, refletindo-se na superficialidade. Em consequência, segundo Kestenbaum (2016), as pessoas escutam as outras apenas para responder algo, e não para compreender a situação.

Imagine se, em uma sessão de terapia, o profissional perguntar sobre fatos que já lhe foram contados ou não se lembrar de relatos importantes que foram feitos na sessão anterior, obrigando o paciente a repetir o que disse.

Quando não há conexão no diálogo entre seres humanos, não importa a natureza, praticamente fica caracterizado um monólogo; portanto a frustração, em contraposição à satisfação, estará presente nessa situação. O monólogo satisfaz as pessoas apenas no teatro: o ator fica satisfeito porque o público foi prestigiá-lo, e o público também fica, pois houve o entretenimento.

Segundo Longo (2014), estamos deixando a era da atenção e entrando na era da distração. A atenção é uma matéria-prima escassa e corre risco de extinção. Para prestar atenção é necessário dedicar tempo, e quando se dedica tempo a algo ou a alguém não se recupera essa dedicação. E, quando não se pode recuperar algo, há uma sensação de perda, principalmente para os que têm tendência ao egoísmo.

Dessa forma, o egoísmo, presente em muitas pessoas da sociedade atual, impede que se doe algo aos outros quando não há possibilidade de recuperação ou ressarcimento. Outros recursos que emprestamos ou doamos, como dinheiro e objetos, temos como recuperar ou ao menos a expectativa de reaver.

Quando se doa tempo, a moeda de troca é a gratidão, mas ela não tem materialidade, e, neste mundo em que o parecer ser é melhor do que o ser, a materialidade é uma necessidade dos seres humanos.

Na música *"You Gotta Be"*, interpretada pela cantora Des'ree, há um trecho que reflete bem essa questão:

> *O tempo não faz perguntas*
> *e ele continua sem você,*
> *te deixando para trás*
> *se você não puder acompanhar o ritmo*
> [Tradução livre]

Talvez por isso, hoje as pessoas valorizam tanto o seu tempo que é comum ouvir "não vou perder meu tempo com isso". Aliás, é mais comum ouvir "não vou perder meu tempo" do que "não vou perder meu dinheiro" (Kestenbaum, 2016).

Logo, ter atenção plena deve ser um exercício constante nos diálogos e nas interações, pois é um dos maiores desafios para se estabelecer a conexão entre os seres humanos e consequentemente manter uma relação humanizada. Apenas assim será possível ouvir com a intensidade necessária para compreender o que o interlocutor está falando, livrando-se de todos os preconceitos possíveis.

Na humanização, não devemos julgar os nossos clientes quando os atendemos, pois não conhecemos tão bem a sua realidade nem suas histórias e temos que respeitar os seus pleitos, compreendendo suas angústias e ansiedades, que devem ter uma razão de existir. O nosso papel consiste em ajudá-los, independentemente dos motivos que os levaram a nos procurar. Embora julgar seja uma atitude humana, na humanização é preciso substituir o julgamento pela compreensão.

7. MAS, AFINAL, O QUE É UM ATENDIMENTO HUMANIZADO?

Vimos que, para se conectar com os seres humanos, deve-se prestar atenção ao que estão dizendo, com o objetivo de compreender em que circunstâncias está acontecendo tudo o que está sendo relatado, sem se distrair e sem se preparar previamente para responder. Mas isso não basta para que o atendimento seja humanizado. É necessário, também, que se entenda o que está por trás da demanda do cliente, para identificar o seu real desejo e necessidade e para se interessar pela causa, agindo com genuíno interesse e sempre presumindo a boa-fé do interlocutor.

Vamos exemplificar para melhor compreensão dos conceitos: certa noite, um cliente entrou em contato com a sua seguradora, informando que o pneu do seu carro havia furado e que ele necessitava de auxílio para trocá-lo. Durante a ligação, o atendente percebeu que o cliente estava com muito medo do local onde estava, pois era afastado dos grandes centros, com pouca iluminação; ele temia ser assaltado ou sofrer uma agressão. O atendente, percebendo isso, permaneceu na linha com o segurado até o momento da chegada do socorro, fazendo-o se sentir mais seguro.

Percebe-se que o atendente, nessa situação, não se preocupou com seus próprios indicadores, pois possivelmente, considerando o tempo que ele passou em linha com o cliente, deve ter atendido uma quantidade de ligações inferior à necessária, o que o impediu de cumprir sua meta de atendimento diária. Porém, mais importante do que cumprir a meta nessa situação era amenizar a angústia do segurado, tentando levar um mínimo de conforto a ele.

O atendente teve consciência de que se tratava de uma exceção e sabia que poderia recuperar a meta (caso não a tivesse cumprido) em outro dia. Ele também sabia que a real necessidade ou desejo do cliente naquele momento não era apenas a troca de pneu, mas se sentir seguro, pois a pessoa temia por sua integridade física.

Sendo esse o real desejo e necessidade do cliente, ou seja, manter sua integridade física, o atendente percebeu essa situação em função do contexto apresentado e conduziu o atendimento de maneira personalizada e única.

Esse sim é um exemplo de agir com genuíno interesse, que consiste em atuar em prol de alguém sem levar em consideração o interesse de quem está agindo ou esperar algo em troca. Agir com genuíno interesse é um ato de caridade, de gentileza, que evidencia a preocupação com outro sem esperar contrapartida. É o caso dos militares do corpo de bombeiros, que, para salvar pessoas que muitas vezes nem conhecem, arriscam suas próprias vidas.

No entanto, além de prestar atenção, de entender as reais necessidades e desejos e de se interessar pela causa a fim de agir com genuíno interesse, é fundamental presumir a boa-fé das pessoas. Vamos exemplificar com outra situação: uma consumidora comprou on-line uma sandália para o seu filho, e no primeiro uso a tira do calçado se soltou. Ela informou essa questão à empresa, que imediatamente lhe enviou um novo par, sem questionar absolutamente nada. Essa atitude não é comum; geralmente as empresas pediriam o produto para encaminhar para análise ou perícia e poderiam até mesmo pensar que o dano havia ocorrido devido ao mau uso pelo consumidor, fazendo um julgamento sobre a atitude dos seus clientes. Esse processo (de análise do produto) é custoso para a empresa e desgastante para o cliente. Substituir diretamente o produto com certeza é menos oneroso para a empresa e aumenta a satisfação do cliente.

Agindo assim, ou seja, trocando o produto sem questionar nada, a empresa confiou na informação da consumidora, não duvidou de sua palavra e presumiu, dessa forma, a sua boa-fé. É claro que, se houver certa frequência nas reclamações de um mesmo cliente, aí sim se pode duvidar, mas, se não há motivos, por que duvidar?

Infelizmente, no mundo atual, como já dissemos, a confiança está tão abalada que a maioria das pessoas pensa que os outros seres humanos só querem tirar proveito das situações, ou conseguir alguma vantagem sobre os demais, causando-lhes prejuízos. Essa situação é acentuada quando interagimos com desconhecidos ou com pessoas que não fazem parte do nosso dia a dia.

Bregman (2021) contradiz esse pensamento. Segundo ele, "A maioria das pessoas é bastante decente". Quando pensamos naqueles que nos são próximos, como os nossos familiares, amigos, colegas de trabalho, de faculdade, de escola etc., na nossa visão eles são decentes; é raro termos alguém do nosso convívio que imaginaríamos agindo de má-fé. Por outro lado, quanto àqueles que nos são distantes ou que não conhecemos, desconfiamos e julgamos que agirão de má-fé. Será que as pessoas próximas a esses de quem estamos distantes pensam o mesmo que nós? Quem estaria com a razão?

O fato é que, na dúvida, desconfiamos das pessoas, e não deveria ser assim se elas não nos deram motivos para tanto. A regra deveria ser: confiar em todos até que se prove o contrário, como o princípio do Direito Penal *in dubio pro reo* (segundo o qual, na dúvida, não se condena o réu). Além disso, ninguém pode ser considerado culpado até que haja o trânsito em julgado (ou seja, até que não caiba mais recurso).

Bregman (2021) tem uma explicação para duvidarmos da boa-fé das pessoas: acreditamos que a humanidade e o mundo são cruéis, porque, quando lemos, assistimos ou escutamos notícias, geralmente elas mostram algo que não é positivo: guerras, acidentes aéreos, assaltos, pessoas vivendo em situação de extrema pobreza. Mas, como afirma o autor, notícia é sobre o excepcional, e o valor da notícia é proporcional à excepcionalidade.

Nenhum repórter vai noticiar que hoje não está havendo guerra entre Brasil e Argentina, que nos lares das classes A e B as famílias ou os que moram sozinhos tomaram seu café da manhã antes de saírem de casa, mas alguns preferiram ir à padaria para fazer o seu desjejum. Como também ninguém vai noticiar que ontem não ocorreu nenhum acidente aéreo ou que as agências bancárias do país não sofreram nenhum assalto. Essas situações são não excepcionais, ou seja, são as que ocorrem com maior frequência, mas, como elas não são noticiadas, pensamos que vivemos em um mundo cheio de desgraças, no qual não se pode confiar nas pessoas.

Se alguém nos trapaceia, nós desabafamos ou contamos aos amigos, colegas e familiares. Por outro lado, quando não somos trapaceados, não contamos a ninguém. Imagine todos os dias você comentar com seus amigos ou familiares: "Pessoal, hoje ninguém me trapaceou". Seria estranho, não seria? E é exatamente noticiar ou comentar apenas sobre as coisas negativas, ou focar mais nelas, que faz as pessoas duvidarem da boa-fé alheia.

A falta de credibilidade na boa-fé das pessoas também advém das constantes frustrações que sofremos. Vale lembrar que quem se frustra é somente aquele que cria expectativas, e muitas são criadas atualmente. Bregman (2018) afirma que "crescemos num regime constante de narcisismo", e, quando olhamos para o mundo, a realidade é outra: os recursos são limitados e vivemos em comunhão com as pessoas. Assim, na medida em que o interesse de alguém conflita com o de um grupo ou o de uma sociedade, nem tudo acontece quando e como as pessoas querem. Essa situação gera certa decepção, levando as pessoas a pensar que o mundo é cruel e a duvidar da boa-fé dos outros.

Quando acreditamos na boa-fé das pessoas, estabelecemos uma relação de confiança que evita o confronto, o conflito ou a disputa. Nas interações com outros seres humanos, o nosso foco deve estar direcionado a atender ao pleito do cliente, a sanar uma dúvida, a prestar uma informação, mas, à medida que ocorre essa interação, alguns pontos de conflito podem surgir. A depender da divergência, o melhor a fazer é ignorar ou corrigir de maneira sutil.

Vamos supor que um cliente vai a uma loja de calçados e solicita um determinado par de tênis na cor branca. O vendedor traz o tênis na cor branca e o cliente diz assim: "Mas eu pedi na cor azul". Ainda que o vendedor tenha razão, se ele entrar em conflito com o cliente, tentando corrigi-lo e afirmando que ele havia solicitado o calçado na cor branca, será que a venda se concretizará? Nesse contexto, o mais fácil é voltar ao estoque, pegar o tênis na cor azul e tentar seguir com o objetivo maior, que é realizar a venda. Ao não corrigir, não há certeza de que a venda se concretizará, mas certamente haverá maior possibilidade.

Também é sempre bom evitar dizer a palavra "não" para corrigir alguma informação quando necessário. Vamos supor que nessa loja haja uma promoção que consiste em um bônus para compras futuras de 10% sobre o valor da compra realizada, a ser utilizado em até trinta dias; mas há um período de carência de dois dias para poder utilizá-lo.

Suponha que a compra ocorreu em um sábado, e o cliente pergunta: "Então já posso usar o bônus amanhã?". O vendedor, em vez de responder "Não, só daqui a dois dias", poderia responder assim: "O senhor (você) pode utilizar o bônus dentro de trinta dias, a partir de segunda-feira já". O som da palavra "não" pode constranger o interlocutor, e na humanização um dos objetivos é evitar o constrangimento.

Apesar da necessidade de evitar dizer "não", existem situações em que não se pode atender ao pedido de alguém. Os seres humanos podem negar o pleito de outros seres humanos, pois se não negassem seriam meros cumpridores de ordens e pedidos. Todos os recursos que possuímos, com exceção talvez do ar, são limitados — tempo, dinheiro, disposição etc.; assim, fazer escolhas é uma necessidade. Quando se diz "não" para algo, diz-se "sim" para várias coisas: se alguém diz "não" ao convite de um amigo para ir ao cinema, está dizendo "sim" para realizar outra atividade, como estudar, trabalhar e até mesmo ficar em casa para descansar. Como canta o Kid Abelha, em "Dizer não é dizer sim":

> *Dizer não é dizer sim*
> *Saber o que é bom pra mim*
> *Não é só dar um palpite*
> *Dizer não é dizer sim*
> *Dar um não ao que é ruim*
> *É mostrar o meu limite, é mostrar o meu limite*

Todos nós temos limites, e não é possível fazer tudo e agradar a todos. Por isso, negar é necessário, o que também é aplicável às empresas. Não se pode esquecer que elas existem para dar lucro financeiro aos acionistas, que investiram recursos e esperam retorno por isso. E é importante para todos, não só para empregados e acionistas, que as empresas gerem lucros a fim de que a população possa continuar usufruindo de seus produtos e serviços, que trazem comodidade e melhoram a qualidade de vida, aquecendo a economia. Uma empresa que nunca nega nada para seus clientes certamente vai considerar esse fato na precificação de seus produtos e serviços, e, a depender do ramo em que atua, possivelmente não encontrará muitos compradores.

O grande desafio nos tempos atuais é exatamente este: saber negar quando necessário (evitando a palavra "não", quando possível) para que não haja evasão de receitas ou incremento de despesas, como também saber dizer "sim" (abrir exceções) para aumentar a satisfação e o nível de fidelização dos clientes, o que é essencial para a perenidade das empresas e a obtenção de lucro no longo prazo.

Existem maneiras humanizadas de negar, conforme o exemplo visto no Capítulo 1, em que o passageiro perde o voo, não consegue um assento na viagem seguinte e acaba não chegando a tempo para comemorar o primeiro aniversário de sua filha. O ideal é fazer o cliente realmente entender o porquê da negativa e não se sentir constrangido. O melhor de tudo é que ele fique satisfeito com o esclarecimento e continue adquirindo os produtos e serviços da empresa.

Assim como é possível negar de modo humanizado, também é possível dizer "sim" de modo não humanizado. Quantas vezes as pessoas, quando precisam entrar em contato com uma empresa, sofrem antes mesmo de pegar o telefone, porque sabem que a jornada não será fácil? É o que ocorre quando transferem a nossa ligação para outro atendente e temos de repetir toda a história, por exemplo. Ou então em situações em que nos fazem diversos questionamentos, às vezes desnecessários, para prosseguir com o atendimento. Ou então quando nos solicitam um documento que às vezes não possuímos, e o atendente ou representante diz algo do tipo: "Vou ver o que consigo fazer, sem o documento será quase impossível"; mas, depois de certo tempo de espera, ele retorna e diz que conseguiu abrir uma exceção. Ora, se pôde ser aberta uma exceção, o documento certamente não era tão necessário assim. Ou então, após ouvir um "não", o cliente ameaça ingressar na justiça, ou em órgãos de defesa do consumidor, e o representante da empresa informa que vai abrir uma exceção.

Há que se considerar, também, que os seres humanos são dotados de emoções e agem de acordo com elas, por isso todos nós teremos dias em que não estaremos bem, e nessas situações não conseguiremos nos conectar com os nossos interlocutores para agir de maneira humanizada. Não devemos nos culpar, pois somos seres humanos e por isso desempenhamos vários papéis: somos pais, somos mães, somos filhos, somos profissionais, somos líderes, somos liderados. Como não somos partes de um todo como uma máquina, não é possível dissociar um papel do outro no nosso dia a dia. Logo, se temos um problema familiar, não conseguiremos nos dissociar dele enquanto trabalhamos. Então, quando alguém nos tratar com indiferença ou apatia, ou seja, de modo não humanizado, não devemos exigir, questionar ou julgar, simplesmente devemos lembrar que estamos lidando com um ser humano e que ele tem os seus motivos para agir de determinada forma. Não se pode esquecer também que os seres humanos erram, seja no processo de aprendizado ou por uma distração momentânea; o importante é reconhecer o erro, pedir desculpas, evitar repeti-lo e prosseguir com a interação.

Apesar de sermos dotados de emoção, precisamos ter cautela para não agir por impulso. Imagine a situação de um cliente que chega a um estabelecimento xingando, gritando ou ofendendo os funcionários. Se um dos atendentes agir por impulso, poderá se comportar como o cliente, e sabemos que isso não é bom.

Imagine também que alguém peça a você que explique algo que já explicou diversas vezes antes, ou lhe faça uma pergunta cuja resposta é evidente. Se você agir por impulso, certamente a primeira interação que fará não será das melhores; poderá ser algo do tipo: "De novo essa pergunta?", ou então "Não acredito que está me perguntando isso. Você realmente não sabe?".

Na humanização, deve-se agir com racionalidade para não perder a razão. Mas a racionalidade não deve ser tão grande a ponto de impedir a conexão com o outro ser humano. Segundo Sêneca, agir por impulso é agir de modo selvagem, o que é um sinal de fraqueza; essa fraqueza impede que o atendimento seja humanizado.

Figura 5

Atendimento humanizado

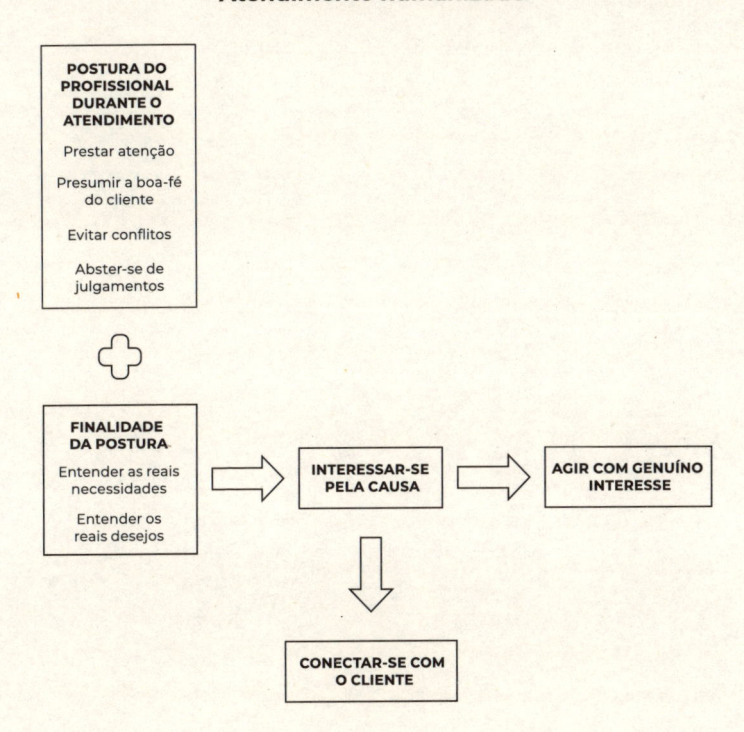

POSTURA DO PROFISSIONAL DURANTE O ATENDIMENTO
- Prestar atenção
- Presumir a boa-fé do cliente
- Evitar conflitos
- Abster-se de julgamentos

+

FINALIDADE DA POSTURA
- Entender as reais necessidades
- Entender os reais desejos

→ **INTERESSAR-SE PELA CAUSA** → **AGIR COM GENUÍNO INTERESSE**

↓

CONECTAR-SE COM O CLIENTE

8. LIDERANÇA EM TEMPOS DE HUMANIZAÇÃO

Então, basta prestar atenção para entender as reais necessidades e desejos dos clientes, a fim de poder se envolver na causa e agir com genuíno interesse, evitando tanto o confronto como o agir por impulso, para garantir um atendimento humanizado?

Não. Há um ponto fundamental, que consiste em prover um ambiente humanizado na empresa. Imagine a seguinte situação: em um *call center*, um atendente, durante o atendimento, tem uma dúvida sobre como proceder ou o que falar para o cliente. Solicita, então, um momento e consulta o seu supervisor. Suponha que o supervisor, ao ouvir a pergunta do atendente, responda da seguinte forma: "De novo essa pergunta? Eu já te expliquei o que fazer nessas situações". Ou então ele responde com a seguinte pergunta: "Você já consultou a rotina?".

Se o atendente é tratado dessa forma, como será que ele tratará o cliente? Conseguirá ser empático e se conectar com ele? O fato é que, nessas situações, o supervisor deverá responder ao atendente como se fosse a primeira vez que ele tivesse feito a pergunta. Em vez de perguntar se consultou a rotina, ele poderia convidá-lo a acessá-la em conjunto, dizendo algo do tipo: "Vamos ver se encontramos a resposta na rotina? Vamos abrir juntos. Então, você abre a rotina X aí que eu abro aqui". Desse modo, o supervisor evidencia onde está a solução, ensinando o atendente a buscá-la da próxima vez que for necessário, e deixando-o à vontade para sempre consultá-lo.

No fim do dia ou mesmo durante o dia, enquanto o atendente não estiver atendendo, o supervisor poderá chamá-lo para conversar, evidenciando que em algumas situações o tipo de dúvida é sempre o mesmo. O objetivo desse diálogo é entender o motivo pelo qual o atendente recorre ao supervisor quando muitas vezes ele já saberia a resposta. Tentar entender os motivos pelos quais um atendente se comporta dessa forma, com o intuito de ajudá-lo, principalmente para melhorar sua performance, certamente mostra uma preocupação genuína com o profissional, motivando-o a agir da melhor maneira possível com os clientes enquanto atende.

Muitos podem pensar que elaborar ou reformular roteiros mais bem estruturados para os atendentes, e de mais fácil compreensão, pode facilitar a busca e o encontro das informações necessárias para prestar um atendimento ágil e resolutivo. No entanto, se as pessoas hoje não leem o manual quando adquirem um produto novo, preferindo consultar o Google ou buscar vídeos no YouTube e até mesmo no TikTok — e mais recentemente buscando auxílio no ChatGPT —, como incentivá-las, no trabalho, a esclarecer suas dúvidas em normas e manuais? As empresas devem se adequar aos novos tempos e implementar tecnologias que forneçam respostas às dúvidas dos funcionários, principalmente dos atendentes de *call centers*, em vez de solicitar que eles consultem procedimentos em manuais, normas ou rotinas extensas. Disponibilizar normas e procedimentos apenas em manuais extensos é como sugerir a um estudante do ensino fundamental que, para pesquisar sobre um tema, vá até a biblioteca consultar uma enciclopédia como a Barsa.

O fato é que a humanização deve permear o ambiente empresarial. As áreas internas que prestam suporte às demais também devem agir com presteza, com cordialidade, conectando-se aos colegas, para que cada interação seja única e personalizada. Por isso, entendemos que o atendimento não é um conceito que deve se aplicar somente nas relações entre empresa e cliente, mas sim entre todos com quem se interage, independentemente do nível hierárquico e da função. Assim, naturalmente as pessoas poderão agir de maneira humanizada em um nível de proficiência tão alto que não será mais preciso utilizar o termo "atendimento humanizado".

Um dos pontos fundamentais, então, para garantir um ambiente que propicie a conexão com os clientes é que uns tratem os outros de modo humanizado; quando todos se tratarem dessa maneira, a empresa poderá ser considerada humanizada. Mas como humanizar um ente abstrato, ou seja, uma pessoa jurídica, cuja criação decorre de uma ficção jurídica?

É necessário que em sua estratégia estejam previstos alguns valores, como empatia, inclusão e foco no longo prazo, substituindo os modelos mentais de competição, individualismo e resultado a qualquer custo por cooperação, coletividade, inclusão e sustentabilidade nos negócios. Para tanto, é necessário que os líderes atuem levando em consideração um contexto de humanização.

Há que ter em mente também que, quando se robotiza o atendimento, o próprio profissional de atendimento pode se sentir desmotivado, na medida em que a própria empresa não o trata como o ser único que ele é. Se o atendente não tem seu potencial considerado, isso pode inibir um diálogo fluido com o cliente.

Deve-se partir da conscientização de que a humanização precisa fazer parte da essência do ser humano, para que seja perene e não decorra apenas de um fato ou situação específica. Não se pode pensar: agora vou agir de maneira humanizada e em outro momento não vou agir. É o que ocorre nas linhas de metrô da cidade de São Paulo. Sou um frequentador assíduo e já notei — inclusive ouvi várias pessoas afirmando — que, enquanto os passageiros estão esperando o metrô na Linha 3-Vermelha, alguns não respeitam a fila e empurram os demais para passar à frente e entrar no vagão. No entanto, quando estão esperando na Linha 4-Amarela, igualmente em horários de pico, os passageiros se comportam, até mesmo aqueles que são desrespeitosos na Linha3-Vermelha.

Se alguém consegue mudar de comportamento ou de atitude a depender da situação, assim como profissionais que tratam bem os seus superiores hierárquicos e tratam mal os subordinados, ou como os representantes de empresas que desprezam clientes pela sua aparência, pois estimam que eles não comprarão nada, pode-se dizer que a atitude adotada por alguém é questão de escolha, e ocorre de acordo com os seus próprios interesses.

A humanização é um ato voluntário a ser praticado no interesse de outras pessoas e, nesse contexto, quando ela ainda não faz parte da essência de alguém e, portanto, quando não se tem proficiência nesse ato, somente será atingida se houver a convicção de que é necessária uma ação para a mudança. Para tanto, é fundamental a prática da humanização até que ela se torne um comportamento natural, assim como foi o nosso aprendizado em falar, andar, ler e escrever. Tudo isso nós hoje realizamos naturalmente, mas o processo de aprendizado e incorporação foi gradual.

Existe certa dificuldade em adotar um comportamento "humanizado", porque na cultura brasileira pode estar enraizado que as pessoas e suas atitudes não impactam o mundo. Lucas (2020) explica essa questão, evidenciando que na cultura latina, que inclui o Brasil, foi criada na população uma expectativa "de que a salvação vem de fora", ou seja, as pessoas creem que seu comportamento não importa, não fará diferença alguma em outro ser humano.

Dito isso, qual é o melhor estilo de liderança aplicável a uma gestão humanizada? Vergara (2011) apresenta os três estilos já consagrados na literatura sobre o tema.

O primeiro deles é o autocrático, aquele em que o líder é o que manda. Os funcionários obedecem às regras e seguem um padrão rigoroso para executar suas tarefas, algo bem similar aos scripts rígidos dos *call centers*. Não se nega a necessidade de que existam padrões, normas e rotinas para a execução de um processo, mas eles devem se concentrar no processo e não na condução do atendimento.

O segundo estilo de liderança é o democrático, caracterizado pelo modo participativo, no qual a discussão é incentivada e todos são motivados a opinar, contribuindo dessa forma para a tomada de decisão.

E tem-se também o *laissez-faire*, um estilo no qual o líder não intervém muito e age mais passivamente, esperando que as coisas se resolvam por si e que tudo se solucione naturalmente. É como o vírus de uma gripe: geralmente depois de certo tempo ele vai embora, por isso quem está acometido às vezes não faz absolutamente nada, nem mesmo toma um analgésico para amenizar os sintomas. Quando se fala em relação interpessoal, contudo, caso surja um conflito, por exemplo, entre os membros de uma equipe, a intervenção do líder pode ser necessária para que não haja uma ruptura na relação entre os colegas, o que pode prejudicar o clima e a produtividade no trabalho. Os efeitos nocivos de um conflito no ambiente profissional podem perdurar por anos caso o líder não atue, diferentemente de uma gripe, que, na maioria das vezes, se não tratada, gera efeitos temporários.

Qual desses estilos melhor se aplica quando se espera que um time realize atendimentos humanizados?

Vamos começar pelo último citado, o *laissez-faire*. Quando se permite que as situações se resolvam pelo curso natural, sem qualquer intervenção ou com o mínimo possível, nota-se que há omissão, ou seja, o líder não age. Mas a humanização é, por definição, um ato, um ato de conexão com outro ser humano, opondo-se, portanto, a qualquer omissão. Se alguém se omite, como se conectará com o outro?

O estilo autocrático é focado na tarefa, na execução. Foi muito utilizado no início do século XX nas fábricas, cujos operários estavam lá para obedecer e executar as ordens do supervisor sem questionar nenhuma determinação. O foco está na tarefa a ser executada, que deve estar em conformidade com o que foi planejado, devendo-se seguir roteiros predeterminados. Já vimos que essa situação se opõe a qualquer atitude humanizada.

Então, o estilo a ser aplicado é o democrático? Em um mundo real, a depender da situação, será que os líderes terão sempre que buscar o consenso na equipe? Em situações emergenciais, por exemplo, nas crises, diante de um excesso de clientes a serem atendidos, em meio à falta de materiais, ou seja, em situações que fogem ao controle, como ocorreu no início da pandemia da covid-19, época em que os hospitais não tinham condições de atender todos os pacientes, há que falar em gestão participativa? Nesse caso, por exemplo, a direção do hospital determina uma linha de atuação que deve ser seguida: na falta de aparelhos para intubar todos, segue-se um protocolo: privilegiam-se alguns tipos de pacientes em detrimento de outros. Sem entrar no mérito da questão, muitas vezes é isso que tem que ser feito: a tomada de decisão para que as pessoas saibam agir imediatamente, procurando conter parte de uma situação crítica para que ela não se torne mais crítica ainda.

Pelo que se conclui, nenhum dos três estilos se aplica? Exatamente isso. A depender da situação, é preciso determinar o modo de execução de uma atividade; em outras se deve realizar a gestão participativa; e por fim, em situações de conflito entre funcionários, por exemplo, às vezes se deve verificar o melhor momento para atuar, mas sem se omitir jamais. É como diz a música "Vícios e virtudes", de Charlie Brown Jr.:

*Às vezes faço o que quero,
e às vezes faço o que tenho que fazer*

É o que se chama de liderança contingencial ou situacional. Segundo Vergara (2011), além do líder é o do liderado, deve-se levar em consideração a situação que está sendo vivenciada no momento para que o líder verifique a melhor forma de atuar.

Imagine, por exemplo, que houve um problema em um produto ou serviço prestado por uma empresa que afeta muitos clientes. Por esse motivo, o número de chamados no *call center* se eleva de tal maneira que não há atendentes suficientes para dar conta de todas as ligações. Nessa situação, o atendimento deve ser o mais rápido e eficiente possível; assim, a conexão com o cliente pode ficar prejudicada, mas a solução não.

No caso que citamos no capítulo anterior, o cliente teve o pneu furado e o atendente permaneceu na linha com ele até que chegasse o socorro. Em uma situação de crise, porém, o atendente não poderia agir dessa forma, pois haveria outros clientes esperando na linha que também precisariam de uma solução. Nesse caso, diante de uma situação de crise, o atendente poderia sugerir que o cliente procurasse um local mais seguro até o socorro chegar, evidenciando, pelo menos, que estava preocupado com o cliente. Não se pode deixar de atender mais de um cliente para atender um único, a não ser em situações extremas, por exemplo, em caso de risco de vida, como citamos no Capítulo 2. Parece contraditório, mas o fato é que, para atendimentos em situações de contingência, a atuação deve seguir diretrizes, sempre abrindo possibilidade para a exceção, quando a situação exigir.

Assim, no que se refere às interações humanas, ou melhor, entre seres humanos, seja entre empresa e cliente ou entre líder e liderado, não há regras ou padrões rígidos a serem seguidos. Não existe receita de bolo, mas sim princípios que devem nortear as ações das pessoas em função do momento que se está vivenciando.

Figura 6

Liderança humanizada

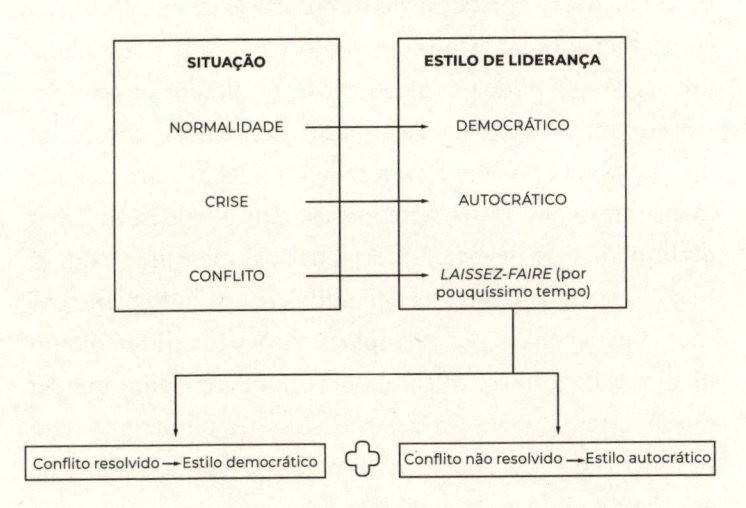

SITUAÇÃO	ESTILO DE LIDERANÇA
NORMALIDADE	DEMOCRÁTICO
CRISE	AUTOCRÁTICO
CONFLITO	LAISSEZ-FAIRE (por pouquíssimo tempo)

Conflito resolvido → Estilo democrático

Conflito não resolvido → Estilo autocrático

Mas há um ponto fundamental a ser observado: o líder deve prover um ambiente onde a segurança psicológica dos trabalhadores esteja presente para que os funcionários possam debater suas ideias, expor seus pontos de vista e as experiências que vivenciaram, tudo isso sem medo ou temor de ser julgado, muito menos de ser punido ou demitido. Nesse ambiente humanizado, o temor cede lugar à coragem a fim de que os funcionários tenham liberdade para expor as principais dificuldades, sugerir melhorias, elogiar os pontos positivos, para terem a certeza de que serão tratados como seres humanos e estejam conscientes de que é como seres humanos que devem tratar os seus clientes — todos sabem disso, mas é sempre bom lembrar: um ambiente de trabalho caracterizado dessa forma propicia a melhora do clima organizacional.

Quando se pensa em liderança e em gestão, há uma máxima que preconiza: "Não se pode gerenciar aquilo que não se mensura". Se estou em um processo de humanização, como mensurá-la? A humanização não é um resultado, é uma ação que pode potencializar os resultados da atuação, seja em função da nota de satisfação, das vendas convertidas, das melhorias no Net Promote Score (NPS)[4] etc. Logo, a mensuração deverá ser feita nesses itens que identificam a performance do negócio, ou seja, deve-se mensurar o que já se mensura normalmente, deixando em segundo plano métricas operacionais, por exemplo, ligações atendidas, tempo médio de ligação etc. É claro que, se um atendente atender duas ou três ligações em determinado dia, o líder precisará verificar o que está ocorrendo, mas essa (a quantidade de ligações) não deve ser a métrica principal.

Então, pode-se concluir que na humanização há perda de eficiência? Ou seja, em um *call center* a quantidade de ligações por atendente diminuiria e seria necessário contratar mais funcionários? Não, pois quando se tem uma conexão

---

4 O NPS mensura a lealdade do consumidor com a marca das empresas.

com o cliente, agindo com genuíno interesse, o conflito é evitado, o que tende a diminuir o tempo de ligação e de atendimento. Em outras situações, porém, o tempo de atendimento pode ser maior, como no caso do atendente da companhia de seguros que esperou o socorro chegar para que o cliente se sentisse mais tranquilo. Dessa forma, com o tempo de atendimento sendo menor em algumas situações e maior em outras, um acaba compensando o outro, sem que haja perda de performance.

A melhor maneira de mensurar se, depois da disseminação da adoção da prática de humanização, houve melhoras é, em um primeiro momento, analisar as abordagens, escutando as ligações ou, em atendimentos presenciais, verificando com os clientes que foram atendidos qual é a sua percepção sobre o atendimento. Constatado que a prática do atendimento humanizado está presente na instituição, pode-se avaliar a performance de outros indicadores, como nota de satisfação, recomendação da marca, se voltaria a fazer negócio etc.

A humanização não pode ser vista como resultado ou consequência, mas sim como uma ação que gerará resultados ou consequências melhores do que se não fosse praticada. Logo, não há indicadores para a humanização. Afinal, de que forma se mensuraria que alguém é mais humano do que outra pessoa? Seria o mesmo que alguém dizer: "O meu cachorro é mais cachorro do que o seu". Ninguém é mais humano do que ninguém; o que se deve fazer é buscar que todos ajam de maneira humanizada no nível da proficiência.

Quando se fala, porém, em interações via *chat*, ou seja, via texto, o tempo de atendimento pode aumentar, pois as respostas não poderão ser totalmente objetivas e diretas, por exemplo, "Para requisitar o serviço de assistência técnica, deve-se preencher o formulário a seguir" e já enviar o formulário ou então responder com "sim" ou "não".

Exemplificando: vamos supor que um profissional que atua no suporte técnico de uma empresa que fabrica telefones celulares atenda um cliente. Essa pessoa reclama que seu aparelho não liga. No atendimento não humanizado, o atendente dirá algo na seguinte linha: "Se o celular não está ligando, verifique se a bateria está carregada. Se não estiver, inicie o processo de carregamento conectando-o a uma tomada e depois de dez minutos tente ligar o celular. Caso não ligue, dirija-se a uma assistência técnica autorizada, em um dos endereços listados no arquivo anexo. Há algo mais em que eu possa ajudar?".

No atendimento humanizado, o atendente tentaria entender em qual momento o celular deixou de ligar, para verificar se houve algum fato ou alguma situação que pudesse contribuir para esse problema. Caso sugerisse que o cliente carregasse um pouco a bateria, o atendente poderia aguardar alguns instantes para ver se o celular funcionou; não havendo resultado, traria outras alternativas utilizando seu conhecimento e experiência para ter certeza da causa do problema e poder dar o melhor direcionamento. Se o direcionamento for se dirigir a uma assistência técnica, o atendente deveria perguntar em qual região ou cidade o cliente estava e informar o endereço da assistência mais próxima, com o horário de atendimento. Ao final, encaminharia o endereço de todos os lugares em que é prestado o serviço de assistência, para o caso de o cliente depois escolher outro local.

Quem estiver atendendo deve evidenciar ao cliente que o contexto da situação foi compreendido e levado em consideração para que ele tenha segurança de que a melhor solução é a que foi entregue. O atendente também deve se certificar de que o cliente compreendeu o que deveria ser feito. Embora o tempo de atendimento possa ser maior, o cliente possivelmente não retornará para esclarecer dúvidas, o que pode ocorrer nas interações não humanizadas, prejudicando a eficiência dos atendimentos como um todo. Mais custoso do que um atendimento demorado, porém resolutivo, é um atendimento célere mas não resolutivo e com recorrência do cliente para tratar da mesma questão.

9. ENTÃO, ATENDER DE MANEIRA HUMANIZADA É GARANTIA DE SUCESSO PARA UMA ORGANIZAÇÃO?

Evidenciamos até o momento que no atendimento ao cliente devemos reconhecer as suas reais necessidades e desejos, e para isso é necessário se conectar com ele, prestando a máxima atenção em tudo o que diz, sem se distrair por nenhum instante e consultando sempre os dados disponíveis no sistema a fim de ter maior eficiência, além de evitar perguntas desnecessárias.

Devemos, também, nos interessar pela causa do pedido do cliente e agir com genuíno interesse, como um ato de generosidade, colocando sua necessidade em primeiro plano, evitando o conflito e sempre presumindo a boa-fé.

Por fim, devemos promover dentro da organização um ambiente humanizado.

Isso basta para o sucesso de uma empresa?

A resposta é não, pois há um fator adicional: é fundamental que as empresas percebam as mudanças que estão ocorrendo no ecossistema em que atuam para se adequar, quando necessário.

Se os consumidores não enxergarem valor no produto que uma empresa comercializa ou no serviço prestado, não será pelo atendimento humanizado que o cliente fará a aquisição. Ou seja, pode-se ter o melhor vendedor, o melhor atendente, o profissional mais atencioso e gentil do sistema solar, mas, se ele comercializar máquinas de escrever, ninguém vai adquirir, a não ser os colecionadores ou saudosistas.

É necessário então reconhecer as mudanças que estão ocorrendo no ecossistema para saber se adaptar a ele. Pode-se lembrar do caso da Kodak, citado por Adner (2023): essa empresa perdeu uma participação significativa do mercado consumidor porque, apesar de ter se adequado à tecnologia das câmeras digitais, continuou investindo na impressão de fotografias, enquanto os clientes, com o advento das fotos digitais, preferiram armazená-las em seus dispositivos móveis, imprimindo-as apenas em situações bem específicas.

REFERÊNCIAS

ADNER, Ron. *Vença o jogo certo*: como revolucionar, defender e ser competitivo em um mundo em mutação. Rio de Janeiro: Alta Books, 2023.

BAUMAN, Zygmunt. *Vida líquida*. 2. ed. Rio de Janeiro: Zahar, 2009.

BREGMAN, Rutger. *Humanidade*: uma história otimista do homem. São Paulo: Planeta, 2021.

BREGMAN, Rutger. *Utopia para realistas*: como construir um mundo melhor. Rio de Janeiro: Sextante, 2018.

KESTENBAUM, Normann. *Obrigado pela informação que você não me deu!* — Relevância, concisão e simplicidade na comunicação empresarial. Rio de Janeiro: Alta Books, 2016.

LONGO, Walter. *Insights para um mercado em transição*: uma seleção das melhores ideias e conselhos de um dos principais influenciadores do mundo dos negócios. Rio de Janeiro: Alta Books, 2019.

LONGO, Walter. *Marketing e comunicação na era pós-digital*: as regras mudaram. São Paulo: HSM do Brasil, 2014.

LUCAS, Luiz Fernando. *A era da integridade*. São Paulo: Gente, 2020.

ONO, Henrique Ofugi. *Desmistificando os mitos do Omnichannel*. 2016. Disponível em: https://portal.clientesa.com.br/desmistificando-o-omnichannel/. Acesso em: 14 mar. 2025.

PALKOVSKY, Belén. Dados: quantos geramos e como eles se transformam em insights. *Linkages*, 29 mar. 2023. Disponível em: https://linkages.com.br/2023/03/29/dados-quantos-geramos-e-como-isso-impacta-nossa-vida/. Acesso em: 3 dez. 2024.

SENGE, Peter; SCHARMER, C. Otto; JAWORSKI, Joseph; FLOWERS, Betty Sue. *Presença:* propósito humano e o campo do futuro. São Paulo: Cultrix, 2007.

SUCHER, Sandra J.; MCMANUS, Stacy E. *The Ritz-Carlton Hotel Company*. Harvard Business School, Case 601-163, 2005.

VERGARA, Sylvia Constant. *Gestão de pessoas*. 10. ed. São Paulo: Atlas, 2011.

XAVIER, Adilson. *Storytelling*: histórias que deixam marcas. 6. ed. Rio de Janeiro: Best Business, 2018.

FONTE Adobe Garamond Pro, Citizen OT, Montserrat
PAPEL Pólen Bold 90g/m²
IMPRESSÃO Paym

FSC
www.fsc.org
MISTO
Papel produzido
a partir de
fontes responsáveis
FSC® C133282